哲學概論

尤淑如、張文杰、康經彪　著

五南圖書出版有限公司

目次

序

　　中華民國陸軍軍官學校是一所以「德、智、體、群、美五育並重之全人教育」為理念之軍事學府；依此，本校乃以「哲學、科學、兵學」並重之教育方針，內容涵蓋「大學教育、軍事訓練、體能訓練及品德教育」，以期達到培養「允文允武、術德兼備」之軍事領導人才的教育目標。本校通識教育中心自民國九十一年成立以來，均依此理念規劃、進行大學部學生在校四年期間的通識課程教學工作。近年國內外大學強調推動通識教育，也造就通識課程因此不斷求新、求變，但眾所皆知，教學是教育活動的核心，而教材則是教與學的核心，因此改進教學首先就要思考課程設計及教材編撰。

　　有鑑於此，陸軍官校通識教育中心積極推動軍事校院通識系列叢書的編撰，自民國一○四年《戰爭史─從拿破崙到波斯灣戰爭》、民國一○五年《先秦儒家武德思想─四書中的概念與實踐》起，經過近三年的醞釀與努力，由尤淑如、張文杰、康經彪三位老師為軍事教育體系量身打造的系列作第三本教科書《哲學概論》終於付梓。本書採深入淺出、循序漸進的方式，從探討〈哲學是什麼〉、〈哲學的發展〉為起始，以〈政治哲學〉、〈戰爭哲學〉為結尾，全書區分十個章節，使用「議題」為單元主體的多元化教材模組，在結合教師與學生經驗的互動式教學法中，進行統整式教材設計，並藉由教學相長過程，從而建構出理想的統整式教材。此外，亦透過各章後段的「問題與討論」，讓學生在不同的教學策略引導下，從熟悉的生活經驗出發，並以此作為思考的題材，連結其他相關哲學相關知識，使生活經驗、人文背景與哲學理論之間相互融滲，以此進行思考、理解、連結與統整，因此，本書除具有一定深度和範圍之哲學知識體系外，更可說是以教科書形式表現出專為軍事教育而設計的《哲學概論》教科書。

　　編撰「連結軍事與通識課程」的教材是全中心教師一貫努力的方

向，更是以身為軍事教育領頭羊自詡的陸軍官校責無旁貸的工作，展望未來，後續《軍事倫理學》教科書的編撰已接續展開，如何有效率地幫助國軍基層軍官提升邏輯思維能力，增長哲學思辨知識，並整合傳統中西方理論基礎與軍事活動進行交互參照，以培養學生持續學習興趣是我們編撰此系列叢書的初衷，相信此書的面世，定能為我國軍事教育奠定穩定而厚實的基礎，並以此作為基礎能力，輔助同學們進一步地學習軍事倫理、孫子兵法、政治、歷史、領導管理與其他軍事科學等專業知識。

最後要由衷的感謝五南圖書公司及編輯群們，在當前出版業景氣低迷之際仍願協助出版本書，並祈願將來還能不吝繼續協助本中心專書之出版事宜。

厲復霖

陸軍軍官學校通識中心主任

謹記於志清樓

中華民國一〇八年七月三十一日

序

　　自古以來哲學思想一直是主宰人類發展的核心概念，不論是在哪一個時代，哲學都擁有支配人類發展人類文化生活的核心，它不但是一種生活的指引，更是文化內涵的蘊積，我們可以在歷史上看到有那樣的哲學家，或者那樣的哲學思想，就可以看到那個社會發展的指標，例如，在中國先秦、因春秋戰國時代的混亂，人們渴望一種心靈的平安與社會發展的和諧，因此出現了儒家、道家、法家及其他各種能夠引導及帶給人們平靜與安寧的社會發展模式；同樣的，佛教進入中國也是因為當時社會的混亂、戰爭的頻仍，造就了中國佛教的興起跟發展，在西方社會也是同樣的狀況，在先蘇期的哲學裡，人們對於宇宙世界的好奇以及人在這個世界中的可能性，造就了對宇宙探索據根源的一種理解及想法，而到了蘇格拉底後，人們發覺單單研究宇宙發生的原因及構成的元素不足以滿足人心的基本渴望，因此蘇格拉底、柏拉圖以及亞里斯多德開始走向生命終極的探索，希望找到人類安身立命的法則跟方法，而這種對生命本身的探討及人生可能發展的一種模式之想法，構成了哲學基本的結構，也就是以生命的終極、知識的認知、生活的美善為發展及探討的基本內涵，這也構成了在西方世界哲學發展的基本內涵和目標。

　　哲學書籍的撰寫，目的就是為了要達成將自己探索世界，建構內在心靈的方式傳達給希望理解的人，從最早中國的詩書禮樂易春秋五經到近代的哲學史或哲學概論的撰寫都是為了要傳達人們在心靈探索及世界發展的一些目標，而西方從柏拉圖《對話錄》、《亞里斯多德全集》、《哲學的慰藉》、《懺悔錄》等等的著作也多在說明人類在心靈中探索的意義跟價值。到了近代，由於人類社會的發展及人際關係的頻繁，而有了各種不同的哲學書籍的撰寫，例如社會哲學、法律哲學、人學，甚至為了因應國家的擴張社會的發展更有了戰爭哲學的產生，在最近50年來，世界局勢不斷發展跟更新，人們的期望跟對未來世界的渴望的發展

都有了更強而有力的想法，而戰爭哲學的目標，就在因應人類未來世界可能發生的一些狀況，而有的因應之道．

　　過去在中華民國的各級軍事院校中，講授戰爭哲學幾乎是一個普遍的需求，但在講授戰爭哲學之前，對於哲學的基本的理解和概念的發展仍然是必須的，筆者記得在民國六、七十年代之間，常應國防部的要求，到各個軍事院校及各軍種部隊中去講授不同的哲學思想，當時也有一些對哲學著作的需求，但是，對於整體性的思考，特別是對於軍事院校的學生特性的需求，則是很少顧及到的，而今天陸軍官校為了符合及因應陸軍官校學生的特質而特別撰寫的哲學概論一書，可謂是整體哲學思想發展的一種實踐，實為難能可貴。

　　本書共分10章，先從哲學是什麼到哲學的發展，到哲學思考跟邏輯推論以及知識論、倫理學的基本哲學內涵說明，以幫助同學建構基本的哲學概念及思考的方法，以後再論及歷史哲學、科學哲學、政治哲學以及戰爭哲學的意義。如此完成了為軍事院校的同學們所建構的一種完整的哲學體系，實屬不易，現今本書即將付梓，尤淑如教授請我為序，實為榮幸，敬謹受命。

黎建球

輔仁大學哲學系講座教授

輔仁大學校長2004-2012

中華民國一〇八年八月八日

好讀易懂的哲學概論

這是一本好讀易懂的哲學讀物，不僅適合軍校生閱讀，也適合給非哲學系的學生。特別是那些對哲學好奇、但又對哲學艱澀難懂的文字望之怯步的人來說，這本書是很好的入門書。

本書的首章，從定義與效用為起點，談起哲學的特色在於以一統多。本書幫助讀者認識到，原來，「哲學是什麼？」本身就是一個重要的哲學問題，並且，縱使哲學家們對這問題的回應沒有共識，但仍不妨礙哲學的價值。基本上，「哲學」是一門以理性與批判性的觀點思考事物的根本與整全的學問，其核心精神是愛智慧；而哲學思考模式作為一種理性運作的歷程，此一歷程運用的層面非常廣泛，由此形成的哲學研究領域也非常多元。本書除了同其他哲學概論的書籍一樣，介紹邏輯、知識論與倫理學等核心思想，還以歷史的形式概述中西哲學發展的進程，幫助讀者掌握中西哲學發展的輪廓。

書中除了介紹重要的哲學理論與核心課題之外，亦討論到三種重要的哲學分支，像是：歷史哲學、政治哲學與科學哲學；而其中最具特色的是，具有軍事特色的戰爭哲學。在歷史哲學中，本書以哲學檢視歷史進程、發展規律與文明型態，引領讀者反思：當人們試圖從歷史事件建構普遍意義與發展規律時，是否也能反思這些普遍意義與發展規律是否真實存在？我們除了認知唯心史觀、唯物史觀等理論知識之外，更能透過歷史哲學的視角，重新反思歷史知識的真確性與其實用意義。

科學哲學是一門以哲學思辨和方法來看待科學並進行提問的學問，裡面涉及許多當代知識論層面的課題，特別是從科學的層面反省知識本身。邏輯實證論主張只有科學能產生知識，科學知識必須以經驗為依據，以邏輯推論來檢視其真確性，那些無法用科學方法進行確證與檢驗的，既不是科學，也無法成為知識。否證論則特別從「否證」個別經驗

與理論的方式，強調任何理論都不是孤立存在的，而是相互聯繫、具有嚴密的內在結構與完整的理論系統。科學知識的建構與創新是從理論的相互批判中所產出。這些科學哲學提醒讀者，面對科學知識，我們應有的求知態度是：對方法要嚴謹、對真理要渴望、對思辨要堅持、對批判要肯定、對創造要熱情，對歷程要回饋。唯有如此，才能避免用一種迷信的、權威式的態度盲從科學，而是用一種符合科學的態度來面對科學。

政治哲學作為以哲學反思政治的一門學問，本書用了兩章的篇幅，探討政治義務的基礎在於服從的合理性，從霍布斯、洛克和盧梭的理論中可知，政府權力與人民服從的合理平衡必須以「同意」為基點。而無論自由主義和社會主義如何闡釋自由、平等、公正等重要的政治分配課題，我們都不能不追想起革命先行者國父孫中山先生對此一問題的看法，他的民生主義學說對我們仍具有重要的借鑒和啟發意義。

戰爭哲學是本書最具特色的一章，所謂戰爭哲學乃以哲學的方式理解戰爭，目的是為了控制和指導戰爭。書中除了引述西方戰爭哲學的理論，亦參照中國的孫子以及幾位兵學大家的哲學進行對比與反思，從中建構本土在地化的戰爭哲學，揭櫫義戰的重要原則。進而，從戰爭哲學的修養體現層面推衍出軍人武德的理論基礎在於，以哲學貫通科學與兵學，由軍人實踐武德的形式來展現戰爭哲學由理論到實踐的過程。

整體言之，本書以淺顯的文字，深入淺出地描述艱澀深奧的理論，幫助讀者初步地掌握到哲學的核心概要，並且有能力以此書為墊腳石，進深更為深奧的哲學理論。

潘小慧

天主教輔仁大學哲學系教授

中華民國一〇八年八月八日

作者序

本書是一本為軍事教育體系量身打造的哲學概論教科書。中華民國陸軍軍官學校為培養「允文允武、術德兼備」之軍事領導人才，教育重點為哲學、科學、兵學三者兼修，實施內容分為大學教育、軍事訓練、體能訓練以及品德教育四大部分。軍事院校不同於一般民間大學，「大學教育」屬於軍校教育的部分而非全部；其中，通識教育屬於大學教育一環。本校一年級不分系，以修習通識課程為主，二至四年級為「分學系」的專業學系課程。為因應「哲學、科學、兵學三者兼修」的教育重點，並且為二至四年級的專業學習奠定基礎，國防部將哲學列為軍校的校訂必修課，期勉哲學教育能以思考訓練、強化軍官理性、思辨與推理能力為目標，間接地為學習科學、兵學或者是其他學科所需能力作準備。

通識中心的必修課除了哲學之外，還有國文、孫子兵法、中國現代史、世界史、心理學與軍事倫理學等相關課程。這些課程多半在一年級實施，目的是為未來三年的專業學科教育、政治教育、社會科學教育與自然科學教育奠定基礎。由此可知，哲學在軍事教育體系中，不但負有培育思辨能力之責，亦負有整合其他通識核心課程（史學、孫子兵法、戰爭哲學），並為其他學科（政治、自然科學相關學系）奠基之責，其定位在於配合軍校通識教育與其他專業學系的整體架構，為通識中心整體課程與其他學系課程奠定基礎。

為符合上述需求，本書在章程架構的編排上作了一番調整。全書共分為兩大部分：基礎哲學課程、連結與整合的哲學課程。這兩大部分的章節分別由通識中心內三位老師執筆。期中考之前為基礎哲學課程，講述「哲學簡介、中西哲學發展史概觀、邏輯、知識論、倫理學」等哲學基本概要，由尤淑如撰寫。期中考後的重點為連結與整合的哲學課程，一方面以歷史哲學橫向連結通識中心內的史學課程（例如：中國現代

史、世界史、戰爭史），以戰爭哲學橫向連結通識中心內的軍事專業課程（例如：孫子兵法），為這些課程的學習提供思辨能力的奠基，幫助學生以哲學思維歷史事件與戰事，善用思辨於戰爭決策與軍人領導統御之中。一方面以科學哲學與政治哲學共三章的篇幅，縱向連結本校其他專業學系，試圖以科學哲學作為機械系、土木系、化學系、物理系等自然科學的奠基，以政治哲學作為政治系專業課程的奠基。

　　歷史哲學與科學哲學由張文杰老師負責，政治哲學與戰爭哲學由康經彪老師執筆。透過這些課程，將基礎思辨能力的思考方向帶往隔年所要學習的專業學系，進行基礎性的、整全性的與預作性的思考。故而，藉由哲學概論教科書的編撰以及所帶出教學策略，促使本校的通識教育能與各學系課程保持緊密的交流，並以此為基礎，持續建構更為完善的教學機制，以確保通識教學品質的優化與整全。由於本書是為軍校學生而寫，因此無論是撰寫方式或者是內容，盡量以淺顯易懂的文字呈現，目的是要增進全書的可讀性與學生的學習意願，屬於能兼顧軍校通識教育需求與哲學概論的入門書。但願學生讀了本書之後，能夠鳥瞰哲學全貌，提昇思辨能力，並有助於學習歷史、戰爭史、孫子兵法、自然科學與政治學。

尤淑如

陸軍軍官學校通識中心

中華民國一零八年七月三十日

第一章　哲學是什麼？

第一節　定義與效用

一、哲學的定義

（一）「哲學是什麼？」是重要的哲學問題，哲學家們對此沒有共識

　　哲學是什麼？哲學給人的初步印象多半是難以理解、是一種空談的「玄學」、很不實用。如果對哲學好奇，上網進入google或yahoo尋找哲學的定義，或者進入博客來、金石堂等網路書店去搜尋介紹哲學的書籍，可以發現，「何謂哲學」眾說紛紜。哲學家們對於「哲學是什麼」並沒有共識，很少有學問像哲學一樣，對於這學門學些什麼？研究哪些對象？都沒有共同的答案，甚至可以說，有多少哲學家，就有多少種哲學的定義。古希臘人認爲哲學是指人生智慧，多半以箴言的樣貌呈現，例如：西塞羅（Marcus Tullius Cicero, 106～43 B.C.）認爲：「哲學是人生之導師，至善之良友，罪惡之強敵，如果沒有哲學，人生便沒有什麼是有價值的」（傅佩榮，2005）。中世紀以信仰理解哲學，例如：聖阿奎納（St. Thomas Aquinas, 1225～1274）認爲「哲學是神學婢女」（趙敦華，2002）。近代哲學家羅素（Bertrand Arthur William Russell, 1872～1970）則是認爲：「哲學是介於科學與神學的中間地帶」。當代分析哲學認爲哲學與語言息息相關，例如：維根斯坦（Ludwig Josef Johann Wittgenstein, 1889～1951）認爲一切哲學問題來自語言的誤用，因此，哲學不是某種理論，而是某種澄清語句的活動。當代現象學家胡塞爾（Edmund Gustav Albrecht Husserl, 1859～1938）認爲哲學是一門最嚴格的學問，爲所有知識提供一個鞏固的基礎。雖然這些哲學家對於「哲學是什麼」沒有共識，

但也因此讓世人明白，對哲學而言，「哲學是什麼？」本身就是一個重要的問題，眾人從不同立場、觀點來回應這個問題，才形成哲學的不同學派。然而，一般人面對哲學莫衷一是的現象，常常是越看越困惑。

（二）「哲學」要求以理性與批判性的觀點思考事物的根本與整全

　　許多大學裡面都有哲學這門學科，就算沒有設立哲學系，也會在通識課裡面開設哲學相關課程。許多學門，由於它的架構與內容以西方哲學為理論基礎，而哲學本身就是西方文化傳統的源頭，無論是在概念或理論各方面，哲學理論以及哲學的思辨訓練都比較清晰、系統、完整；故，在大學裡，許多專業學科的博士也都稱為「哲學博士」。雖然「哲學」這門學科目前在臺灣是上大學之後才有的學科，但是，我們偶爾會在各種傳媒上看見「哲學」二字。例如：人們喜歡在各種活動的後面加上「哲學」，比較常見的，像是：將某些名人對生活的看法稱為「某某名人的人生哲學」，當談論到每個人對人生或自己生活的看法時，就會說：每個人都各自有自己的一套「人生哲學」之類；有些命理師會被稱為「哲學博士」，好像哲學多少都與算命有關。有些學科也會在該學科後面加上哲學二字，例如：管理學類有「管理哲學」，論及人們理財背後的想法會稱為「理財哲學」；教育活動所預設的理念稱為「教育哲學」，甚至賣炒飯的店也以「炒飯哲學」為名，由此強調廚師炒飯背後的理念。這樣看來，某些學科或活動的後面加上「哲學」二字，似乎是為了說明那項學科或活動背後的想法、理念或預設，但另一方面，也是指，強調以該學科或活動為對象，進行有系統思考的意思。由此可知，「哲學」與思考活動或思考的產物（理念或想法）相關，是一門以理性與批判性的觀點思考事物的根本與整

全的學問。

（三）哲學的字義是愛智慧

　　就字義來加以分析，哲學源於希臘文 $\varphi\iota\lambda o\sigma o\varphi\iota\alpha$，是由 $\varphi\iota\lambda o\sigma$ 和 $\sigma o\varphi\iota\alpha$ 二字組合而成的。$\varphi\iota\lambda o\sigma$ 是「愛」的意思，$\sigma o\varphi\iota\alpha$ 是「智」的意思；所以在西方，哲學的原義是「愛智」，意旨追求智慧者所表現出來的實際行動，而不只是發動追求智慧的熱情。換言之，哲學的原意是指追究根源的求知精神，以及由這種精神所展現出來關注事物本質與追根究柢、探究最終原因的求知行動，而不僅為了解決問題而已。因此，哲學的活動是「追問和反思」，大部分的哲學活動都需要運用理性，試圖解答宇宙人生等屬於根本的問題，運用理性來質疑和挑戰一切被視為理所當然的預設和信念。在古代希臘，哲學這一名詞的出現，是在「愛智者」這一名詞之後，換句話說，是先有「愛智者」，然後才有「愛智」的概念。哲學這一名詞的由來，一般學者都認定是始自古代希臘哲學家畢達哥拉斯（Pythagoras, 570～469 B.C.）。首倡此一說法的乃是羅馬政論家兼哲學家西塞羅（Tullius Cicero, 106～43 B.C.）。這時期學者多半用「愛智者」、「哲學家」來說明哲學，例如：蘇格拉底（Socrates, 470～398 B.C.）說：「我固知我之愚，但我愛求智；我非智者，愛智者也」。因此，也有人說，蘇格拉底乃西方哲學史上首先把哲學明白界說為「愛慕智慧」（love of wisdom）的偉大思想家。此一時期，哲學為「愛智之學」，具有喜歡尋求智慧的本質。

　　「愛智之學」大抵成為哲學的本質要素，後世許多哲學家各自依此詮釋哲學的定義。例如：當代哲人沃夫（Robert Paul Wolff, 1933～）就指出：「哲學意謂愛智，系統性、批判性的檢查吾人判斷、評價與行動的方

式，目的在於使人更有智慧、更能自我反省，成為更好的人」。從哲學的定義可以了解，哲學家從事的活動包括：檢視信念、評價和判斷。哲學嚴謹地檢證諸種學科的研究方法是否能保證獲得真理，檢視各種研究方法的合理性，關心每一學科建構出來的知識的真確性，任何一門專業的學科，學到最後所抵達的境界都是哲學的層次。

二、哲學的效用

　　哲學的涵義經過數千年的變化，其核心仍不離愛智之義。哲學具有基礎性和整合性，既能為一切知識奠基，又能統合所有的知識。由此而來，哲學的效用在於，為吾人的信念和行動提供合理化的論點，使吾人增長智慧、提升反省能力，成為更好的人；進而在拓展知識的層面上，能夠促使其他學科的研究者進行更為嚴謹的研究，建立更為合理的方法論。如果「效用」的判斷標準是指「帶來現實利益」，像是：功、名、利、祿；那麼，哲學恐怕是無法滿足這些目的。

　　若依據諸位哲人對哲學的定義來看，哲學的效用不外乎與思考有關。邏輯增益檢視、批判等獨立思考的能力。知識論幫助人們反省知識，確立知識的客觀與合理；並有助於人們建立正確認知的思維方法。哲思後的知識內容，影響吾人的情感與行動。不過，有些哲學家只注重思考歷程本身，不寄望得到確定的答案。對他們而言，哲學思維的主要價值在於運用智力和想像力來思考新的可能性，以及，反省日常生活方式和各種習俗，幫助人追求真理。有些哲學家認為，哲學的效用，在於刺激思維與獲得知識。有些哲學家認為，哲學的效用在於檢視人生、釐清欲求、獲得幸

福。

　　由此可知，「哲學的效用」很難有普遍公認的答案。哲學是否有用？哲學有什麼用？回答這樣的問題，當取決於個人對哲學的期待，因此需要釐清自己期待從哲學中獲取什麼樣的助益？而這樣的助益是否為哲學所能提供？由此才能判斷哲學對個人的效用。

　　若以此脈絡思維哲學對軍人教育的效用，首先要釐清的，即是政府對軍人學習哲學的期待為何？明白這些期待的內容，才能依此檢視軍人學習哲學有什麼用。學生需要各自釐清對哲學的期待，檢視這些期待，才能以更為合適的態度來學習哲學，並且獲得更佳的學習效果。若從哲學的本質言之，哲學作為一種理性思維的活動，可以為人生提供定位的作用。無論政府或個人對哲學的期待為何，哲學對軍人教育的貢獻都必然包括：透過理性思維軍人的角色定位，藉以堅定從軍的信念和意志。

第二節　哲學的思考模式

一、哲學思考模式的特色：以一統多

　　雖然哲學因研究對象的差異，而產生諸種研究領域的分科；雖然從古至今不同學派對於「哲學的定義」眾說紛紜；雖然不同學派對於「哲學的內涵」看法各異；不過可以發現，無論是哪種領域，哪種學派，皆秉持追根究柢、持續檢驗與反思的精神，並且，他們的哲學思考模式都具有「以一統多」的特色。怎麼說呢？哲學家關切的核心課題爲「宇宙萬物的根源」，意旨哲學家預設多樣生成的宇宙萬物都來自於單一的根源，宇宙萬物的多樣變化背後都存有某些單一或者簡要的變化法則，這些簡明扼要的變化法統管宇宙萬物的變化。

　　哲學活動是一種對根本問題進行探究與反思的活動。學習哲學並不僅是學習哲人們的研究成果，而是要學習這種對根本問題進行探究與反思的精神。如果以爲學哲學，就是在記憶背誦前人所留下的哲學知識，這反而與愛智慧的哲學精神背道而馳。愛智慧的哲學精神就有如蘇格拉底所說：「未經檢視的人生不值得活」，亦如黑格爾所說：「哲學的首要條件乃是對眞理之勇氣。」因此，學習哲學乃是一種動態的追問和反思，學習哲學意味要善用理性，以理性質疑和挑戰一切被視爲理所當然的預設、主張或信念，以此試圖解答宇宙人生的根本問題。

二、哲學思考模式是一種理性運作的歷程

　　哲學思考始於感官經驗，感官經驗到的內容經由理性抽象作用形成概念，然後以邏輯推論的方式論證這些概念，而後建構系統性的哲學知識。哲學的內涵乃經由一連串理性運作的歷程而被建構出來。理性作為認知能力，以「合乎邏輯言說」的形式彰顯於外。臺灣哲人傅佩榮將前述理性運作的歷程，分為「澄清概念」、「設定判準」和「建構系統」三階段。若要學習合乎邏輯言說的表達方式，培養理性思維能力，不妨分別從這三階段開始進行。

（一）澄清概念

　　在「澄清概念」這階段，最重要的目標是要準確的掌握經驗內容中的概念。如前述，感官經驗到的內容須藉由理性將之抽象為概念，才能做為思維對象。因此，「正確認知」很重要，若認知錯誤，後面會產生一連串錯誤的推論和判斷，引發錯誤的選擇和行動，帶來不好的後果、甚至是損失。「正確認知」是一種澄清概念的活動。每個人的概念都來自於自我覺知的經驗，不過個人的自我覺知不盡相同；再者，有時概念雖來自於經驗，但仍是相當抽象，因此需要相互澄清、建立共識，才能進行後續的溝通。

　　舉例來說，軍官養成教育乃是一種培養領導統御能力的教育。然而，什麼是「領導」？軍校的「領導教育」亦是從經驗開始。他們教導入伍生和新生：要領導別人之前，要先學會被領導。新生自入伍訓開始，從早到晚不停地經驗到長官與學生幹部的各項管理，包括：解說連隊生活的諸種規則和紀律、教導軍事相關知識和操作軍事訓練的各項要領。學生回

應幹部領導的方式就是「服從」，亦即，按照長官和學生幹部要求的指令去作，完成長官和學生幹部所交辦的各項任務。過程中，入伍生經驗到許多的教導、管理、命令、要求、訓斥、甚至是懲罰。由此而來，入伍生理解到的「領導」概念，其內涵可能會就包括：規劃、管理、教導、指揮、執行查核與懲處等。

（二）設定判準

「判準」指判斷的標準。設定判準才能有推論與行動的依據。藉由澄清概念的過程，除了可以建立起對概念的共識之外，也能逐漸產生概念的判準。舉凡好、壞等涉及價值判斷之類的標準都很難界定，特別是在部隊裡階級分明的地方，價值判斷的標準很容易變成是位高者的自由心證、主觀認定。為避免這樣的狀況，最好的方式在設定判準之前，彼此先澄清概念，在規定某些要求之前先針對某些特定概念建立共識，給予明確定義；而後針對這些概念，明確且具體的條列出判斷的依據和標準，此為「設定判準」的核心工作。先「設定判準」，再進行價值判斷和獎懲，比較不會有異議。

接續「澄清概念」中的例子，學生從被領導的經驗中體驗到「領導者」的活動內容，繼而，將這些經驗內容進行理性的抽象思考，由此掌握「領導」的概念包括：規劃、管理、教導、指揮、執行查核與懲處等內涵。這些內涵亦是設定判準的依據。因為，唯有當這些內涵的具體內容被確立之後，人們才能依此檢視和判斷領導者是否有妥善完成領導的工作，甚至，當人們要評價某人是不是好的領導者，也必須參照「領導」概念的內涵來加以判斷。由此可知，澄清後的概念是設立判準的依據。

（三）建構系統

　　「系統」意旨「整體」。要從某單一的個體發展至一個整體，需要有一可貫穿整體的核心概念，此核心概念既是底基、亦為主幹，由此概念為核心、整合相關的個體，使之環環相扣，層層堆疊，最後統合而為一完整的系統。因此，建構系統，就是要從核心概念出發，找出相關的其他概念，觸類旁通，從整全的視角安頓這些概念相適應的位置，進而依此確立出對應的判準，而後統合為完整系統。

　　接續前面「領導」的例子。軍校入伍生從被領導的經驗初步形成「領導」的核心概念為「規劃、管理、教導、指揮、執行查核與懲處」，並以此設立相關判準。隨著年歲增長，歷經二、三、四年級不同層級之學生幹部的歷練，逐步掌握不同角色之領導的內涵；並且隨著學年教育的增長，學習與管理領導相關的理論知識，豐富其對「領導」概念的理解。自二年級作為初階領導之始，實際歷練其領導技能，從經驗中理解到：領導者需要持續學習，聆聽被領導者的需要，理解被領導者的困難，輔導入伍新生適應環境……等。因此，他對領導概念的理解會從之前的內容拓增為：領導除了規劃、管理、教導、指揮、執行查核與懲處之外，也需要聆聽和了解被領導者的需要，幫助被領導者解決學習和適應上的困難。等到升上了三年級，學生作為領導者，被賦予較多幕僚的角色，重點在於執行四年級與學生幹部所賦予的任務。三年級的領導者在執行任務的過程中，要學習完成任務所需的各項技能和智慧，像是：如何知人善任、如何分配任務、如何應變、如何解決困難。最後，到了四年級，學生要學習成為決策者，學習整合理論與實務，學習將所學應用在實務的運籌帷幄與統整之中，並且從過程中累積更多的應變力與抗壓力。當軍校生四年級畢業時，應當能自我整合出個人的領導哲學，形塑出個人領導風格初步樣貌。此一「領導哲學」或「領導風格」的概念，就是建構系統的成果。

　　學習哲學的理性思維，意指學習並熟悉「澄清概念」、「設定判準」和「建構系統」等理性思維的技巧。養成理性思維習慣可以培養智慧，而增長「智慧」至少須滿足完整性與根本性兩個條件。所謂「完整性」是指，涵蓋經驗對象的全部內容、結構與歷程。因此，在澄清概念時，要盡可能地掌握經驗對象的具體內容、發生歷程、以及發生的環境背景等等。所謂「根本性」是指，界定核心與本質。在設定判準時，要能掌握概念的本質，扣緊核心。在「澄清概念」與「設定判準」的過程中若能兼顧概念的完整性與根本性，隨著概念發展的豐富性以及邏輯推論的嚴謹性，定能逐漸建構出完整的系統。哲學的愛好智慧乃是一種動態的追求真理的過程，目的是為了把所學到的信念和知識運用出來，體現在自己和眾人的生命中，使自己和眾人的生活得到助益。

第三節　哲學研究的領域

　　西方文明發源於古希臘時期，當時哲學涵蓋一切學問，萬事萬物莫不是哲學研究的對象。哲學意味對知識的追求與熱忱，這樣的精神影響後世，許多研究領域都將其最高學位通稱爲哲學博士。對於哪些知識可以被稱爲哲學知識，諸位哲人看法各異。有的主張應該以經驗基礎，有的認爲應該以理性爲基礎，這些主張逐漸形成經驗論與理性論的爭辯，甚至成爲近代哲學的重心。在當代，哲學仍看重整體性與基礎性的思考，對現存信念、知識與價值提出懷疑和挑戰。依據哲學發展的過程可知，哲學研究的範圍與分科，傳統大致可分爲邏輯、形上學、知識論與倫理學。關於什麼是「實在」（reality），這類問題屬於形上學；判定眞假時所依循的推論法則屬於邏輯的研究；判定信念可被接受的標準、尋找通往眞理的可靠指南，這類問題屬於知識論的研究，知識論的問題通常是通往其他哲學議題的橋梁；最後，若想連結「信念與知識」以及「選擇與行動」二者，則是倫理學所關切的課題。到了近代，陸續延伸出現各種理論哲學與應用哲學的分科，例如：美學、政治哲學、科學哲學、歷史哲學、戰爭哲學……等。這些學科的簡介如下：

一、邏輯（Logic）

　　「邏輯」是一門研究思考推理、健全思考與有效論證形式的學問。人人都會思考，問題在於如何正確思考，如何避免謬誤。邏輯是學習正確思維的工具，是建構知識的基礎。因此，無論是哲學或者其他學科，都需要學習邏輯。

二、知識論（the Theory of Knowledge）

追求眞理是一連串揭開眞相的歷程，那些關注「認知」相關的研究，例如：能夠知道什麼？如何認識眞理？如何保障認識無誤？如何保障認識對象爲眞？以及關注「知識」相關的研究，例如：如何找到眞實客觀的知識？如何保障知識的眞實？都屬於知識論的研究範圍。換言之，知識論是一門以認知與知識爲研究對象，探討知識性質與獲得知識方法的學問。

三、形上學（Metaphysics）

Metaphysics是「meta-」和「physics」的結合，意指形上學是研究物理學「之後」才研究的學問，需在研究具體現象之後，才循序漸進地研究抽象的原理原則。形上學研究存有與存在活動的範疇、意義、結構和原理。形上學核心探索的課題包括：(1)存有的根本原理或存有的本質；(2)存有的根源；(3)知識之根本預設。具體課題包括：存有、實體、實在、靈魂、自由及知識的最終基礎等。

四、倫理學（Ethics）

倫理學研究如何生活、善與惡、對與錯、以及道德原則，因為是一門思維道德課題的學問，所以又稱為道德哲學（Moral Philosophy）。當人們反省生活價值、試圖建構指導行為的法則時，就進入了倫理學研究的領域。倫理學研究的課題包括：「道德是什麼？」、「道德與法律有何不同？」、「為什麼需要受到道德的約束？」；哲學也處理價值抉擇與判斷的課題，包括：「應如何處理事件？」、「為什麼要這樣處理？」、「依據什麼法則來處理？」。

五、美學（Aesthetics）

美學是以對美的本質及其意義為研究對象的學科，也是哲學中最晚獨立的分科。Aesthetics一詞由希臘文 $αἰσθητικός$ 而來，意指「感官的感受」。「美」這個主題在哲學中向來不是主題，只是傳統形上學的陪襯，一直到18世紀德國哲學家鮑姆加登（Alexander Baumgarten, 1714～1762）首次提出「美學」這個名稱，賦予「感性」和「美感」等這些哲學命題獨立的地位，由此才奠定美學在哲學研究領域的獨立分科。

六、科學哲學（Philosophy of Science）

科學哲學是一門以哲學思維科學理論、結構、方法的基礎與本質課題的學問。按自然科學研究，從對象、方法與結論揭出的知識特點，包括理論與實際的結合，以及用實驗方法證實新理論、數學語言與表現定律等；至於科學哲學則以科學爲研究對象，反思科學與非科學的界限、科學發現的方法與模式。

七、歷史哲學（Philosophy of History）

歷史哲學是一門以哲學思維人類歷史的學問。有別於歷史學注重歷史事件與人物的分析，歷史哲學則以哲學的形式研究歷史的進程律則與文明型態，追求歷史的可理解性，將歷史理解成一個合理性的整體，有稱「思辨的歷史哲學」；又鑒於自然「科學」揭出了方法的客觀性、知識的確定性，亦令有識者反思歷史「知識」的性質、尋求歷史「事實」的意義，有稱「批判的歷史哲學」。

八、政治哲學（Political Philosophy）

政治哲學是一門以哲學的形式研究國家與政治的學問。政治哲學關注

政治價值、政治制度與政治理想。政治哲學關切公權力的發展和限制，關注政治制度如何維持和提升政治生活的品質，關切什麼才是最佳的政治社會的模式，以及什麼樣的政治價值和制度可以實現最佳的社會。

九、戰爭哲學（Philosophy of War）

戰爭哲學又稱爲軍事哲學，是一門以哲學的原理研究戰爭史和戰爭本質，以哲學辯證和批判的思維研究戰爭型態和戰爭相關課題的學問，研究的範圍包括：戰爭觀、軍事倫理、戰爭原則等。目的是爲了能夠控制戰爭和指導戰爭。

延伸閱讀 ....

沈清松，《哲學概論》，臺北：五南，2002。

奈傑爾・沃博頓（Nigel Warburton），《哲學的40堂公開課：從「提問的人」蘇
　　格拉底到電腦之父圖靈，與大師一起漫步的哲學小旅程》，吳妍儀譯，臺北：
　　漫遊者文化，2014。

林正弘，《想一想哲學問題》，臺北：三民，2003。

傅佩榮，《哲學與人生》，臺北：天下文化，2018。

鄔昆如，《哲學概論》，臺北：五南，2004。

研究與討論 ....

1. 請就課本上「哲學的定義」，並參照延伸閱讀的資料，嘗試建構更為豐富完整
　　的「哲學的定義」。

2. 請說明自己對哲學的期待，並預想自己當用何種態度和方法學習哲學，以此來
　　實現「哲學的效用」。

3. 請簡述「概念澄清」、「設定判準」、「建構系統」三者，並舉例說明如何運
　　用此三階段來進行哲學思考。

4. 請簡述「邏輯」和「知識論」二者，並嘗試分析比較二者。

第二章　哲學的發展

　　不同的文明隨著文化差異，各自發展其哲學思想。本書作爲哲學概論，並不妄想縱觀全世界各種文明的哲學發展，謹就本書後續章節的需要，簡介西方哲學與中國哲學的發展。所謂「西方」，是指歐洲與北美，其思想傳統源於古希臘，歷經中世、近代與當代歐美思潮的開展。所謂「中國」，泛指華人文化思想的傳統。本書所概論之西方哲學的發展，依據其歷史發展的脈絡可約略分爲「古希臘哲學」、「中世哲學」、「近代哲學」、「當代哲學」。「中國哲學」的部分，除了概述「中國哲學的特色」之外，亦簡述中國哲學發展的脈絡，並就「傳統中國哲學」的核心學派：儒家、道家、佛家、理學，進行簡介。讓讀者們對中、西方哲學發展有初步的輪廓。

第一節 西方哲學的發展

一、古希臘哲學

西方哲學在西元前六世紀，歐亞文明交會的小亞細亞海岸發端，而在蘇格拉底、柏拉圖（Plato, 429～347 B.C.）、亞里斯多德（Aristotle, 384～322 B.C.）師徒三人手中達到頂峰，至西元五世紀為止。如果用一句話描寫古希臘哲學的起源，那就是「從神話走向理性」。西元前六世紀的希臘人，心目中對宇宙與人生的理解，主要源於荷馬（Homer, 約9th～8th B.C.）史詩《伊利亞德》（*Iliad*）與《奧德賽》（*Odyssey*）等，他們靠描寫神明與遠古半人半神的英雄軼事，來滿足理性的初步要求，用神話故事解釋人類渴求理解的一切現象。不過，米利都這個城市的哲學家們並沒有跟隨當時用神話解釋世界的風潮，而是以世界本身進行言說，探究世界的本質和真相，「哲學」就在這些人的各種想法中開始滋長。米利都所在的希臘半島靠海，受環境影響，他們發展出一種海洋文明，以自然環境、萬物生成變化的秩序為思考對象，關切宇宙萬物構成的根源。其中，比較著名的哲學家是泰利斯（Tales, 624～546 B.C.），他被稱為「哲學之父」。這個時期哲學家們爭論的主題是：「什麼是世界根源」、「存在是一還是多」、「萬物變化法則的特性到底是變還是不變」之類，從這些問題可知，古希臘哲學的種子是從對存在問題的探索開始萌芽。哲學家們針對上述問題各自提出不同觀點，百家爭鳴，比較重要的學派有：愛奧尼亞學派、畢達哥拉斯學派、伊利亞學派和原子論者。

後來，在雅典出現一批傳授與政治、訴訟相關的修辭學與論辯術的智者，他們以教授與實用目的相關的知識為生。其中有一位哲學家反對

智者的詭辯，更不向學生收取費用。他說：「我不是智者，我只是一位愛好智慧的人。」他的名字叫做蘇格拉底。他在雅典的街頭與人聊天，聽到有人談及高尚、勇敢、美麗、善良、虔誠等評價字眼時，都會上前請教這些詞的真正含義。但幾番對話下來，他發現沒有人能真正說清楚這些字的意思。由此，蘇格拉底得出一個事實：大多數人都是人云亦云，以為自己了解某些概念，以為自己認知到某些真確的真理，但事實並非如此。蘇格拉底在當時的言行軼事是古希臘愛智之學的最佳典範，這樣的典範提醒我們，哲學作為一種愛好智慧的活動，意謂人須努力追尋事物背後的真相，掌握真正可靠的知識。蘇格拉底像是東方述而不作的孔子，他的言行思想被記錄在學生柏拉圖的《對話錄》之中，他自己雖然沒有著作，但是他以自己的生命做出哲學的身教。他認為哲學不能專注於自然而不去思索人自己。「認識你自己」是德爾斐神廟的名言，也是蘇格拉底思想的重要特色。蘇格拉底之後，哲學家們研究的領域不再侷限於形上學，擴展至知識論、倫理學、美學、法律政治哲學。這不是說他們不再關心萬有本原的問題，而是將終極關懷轉向幸福人生和心靈的寧靜。

二、中世哲學

　　亞里斯多德死後不久，持續的戰亂使人的生命朝不保夕，於是，「如何安身立命」成為當時的核心課題，哲學朝向與修德祈福相關的課題發展；再加上當時基督宗教興起，哲學遂與基督宗教信仰的關係日益密切，形成中世紀基督宗教哲學。整個中世哲學思想的內涵都環繞在「信仰與理性的衝突與融合」這個主題上。哲學家們多半是神父，他們致力於以

宗教經驗與神學開拓哲學研究的領域。這時期的哲學有兩大基石,一是繼承了柏拉圖學派與亞里斯多德學派的哲學傳統,一是基督宗教信仰與神學。這兩大基石的發展,自西元五世紀至十五世紀,歷經一千多年,相當漫長;其發展階段可粗分為兩階段:「教父哲學」(Patristic Philosophy)和「士林哲學」(Scholastic Philosophy)。

(一)教父哲學

中世哲學前半段的教父哲學,是為了辯駁異端,為了護教,為了回應當時哲學家們對基督信仰的質疑,不得不學習用哲學家們研究哲學的方式來講解神學,由此形成教父哲學的內涵。神父們學習用哲學思想與邏輯論證的形式講述教義,學習用理性的方式闡釋啟示的內容,他們追隨的思想進路是柏拉圖與新柏拉圖主義,代表人物是聖奧古斯丁(St. Augustinus, 354～430)。聖奧古斯丁深受柏拉圖學派與新柏拉圖主義的影響,分別從形上學、知識論或倫理學等各方面融合理性與信仰,發展完備的教父哲學。例如:形上學方面他肯定新柏拉圖主義所主張的,世界除了有感官世界存在,也有屬於思想與靈魂的「非物質的理型界」存在。「理型」是物質最純粹完美的形式,以非物質的形式存在,和物質性的東西相對立,而且只能被思想所理解而不能被感官所把握。聖奧古斯丁認為,柏拉圖提出的這個理型源於上帝,而理型界正是存於上帝的國度中。聖奧古斯丁透過這樣的立論,巧妙地將理型界過渡到上帝的國度(上主之城):知識論方面,肯定人的認知能力可以累積知識追求真理;倫理學方面以「善的缺乏」理解「惡」,並且用「神」來取代「善」,以神作為萬物存在的最終目的,引導人將此生的最終目的從追求至善轉向回歸於神。

（二）士林哲學

　　中世哲學後半段從第九世紀開始，成熟於十二世紀。隨著十字軍東征，帶來阿拉伯哲學、亞里斯多德學派，猶大哲學，這三種不同思想與原有的柏拉圖學派與新柏拉圖主義的碰撞，形成「士林哲學」（Scholastic Philosophy）。Scholastic此字源自拉丁文*Schola*與*Scholasticus*。*Schola*的意思是「學院」，*Scholasticus*的意思是「學者」。之所以這樣命名，是因爲這階段的哲學內容主要是天主教會用來培育神職人員的理論，存在於教會的學院中，因此，又名爲「經院哲學」（Scholasticism）。士林哲學集大成的代表人物爲聖阿奎納（St. Thomas Aquinas, 1224～1274），他引用亞里斯多德的哲學體系，將基督宗教神學與當時興起的自然科學，巧妙地融合於基督宗教信仰之中。他將知識分爲啓示的與求得的：啓示的知識是神學的，其對象是超越人性的，必須藉由上帝啓示或神蹟才能獲得；世間的知識，包括自然科學的知識，其基礎都是哲學的，其對象以人的本性爲主，這些知識可以通過學習而獲得。中世哲學主張，這兩種知識皆來自於神，因爲神是永恆眞理本身，故啓示的知識與本性的知識相輔相成，彼此毫無衝突。

三、近代哲學

　　近代哲學的畫分從西元1450年至1850年，約500年左右。文藝復興時期屬於中世紀到近代的過渡期。由於經院哲學脫離現實生活，信仰逐漸凌駕於理性之上，導致理性與信仰的逐漸分離等因素，經院哲學日趨式微，再加上一系列科學發明和重大地理發現，促使資本主義發展。前述時代背

景也影響到西方哲學的發展，人們的思想從宗教回到了現實的自然世界與人文世界，形成自然主義（Naturalism）與人文主義（Humanism）兩股思潮，並且引發一連串的宗教改革風潮。人文主義藉由研究古代文化和各種哲學流派，主張回歸希臘理性探究眞理的愛智精神。自然哲學建立在自然科學的發展上，藉由自然主義的建構取代以信仰爲主的中世哲學。這些思想風潮成爲文藝復興時期的哲學特色。

　　近代哲學承繼了文藝復興時期的人文主義與自然主義思潮，無論是主張回歸理性探究眞理的愛智精神，或者是強調以自然科學方法建構的才是知識的主張。二者都將焦點從信仰轉向知識與認知。因此，整個近代哲學所關注的課題便圍繞在：知識的來源、知識的生成、知識的標準與範圍等問題上；其次，探討人的認識能力、賴以認識的方式、賴以推理的法則、認知的界限、心靈和世界的關係等。可以說，近代哲學研究的對象和特色大部分是以「知識」這個主題爲核心，先是發展出理性論（Rationalism）與經驗論（Empiricism）的對立，而後有唯心論（Idealism）和唯物論（Materialism）的爭辯，爭論主題在於如何解決自然與精神對立的問題。

　　整個近代哲學所關切的核心課題都可以追溯到笛卡兒（René Descartes, 1596～1650）。他寫了一本名爲《在各門科學中正確運用理性並尋求眞理方法的論述》的書，在書中他對於「知識的檢視」與「獲得知識的方法」提出重要且頗具影響力的見解。他強調，面對「知識」比較合適的態度是，除非我們能夠百分之百的「清楚認知」，否則都不要輕易接受。不管這些知識以前是多麼確定，不管有多少人相信，都要對「知識」保持開放懷疑的態度，唯有用懷疑的態度來面對知識，才會對所有知識保持開放和檢視。這樣的主張是要提醒我們避免用「相信權威」或「人云亦云」的態度來「相信知識」，而是要儘量以客觀與開放的精神來「檢視與探索知識」。

　　近代哲學的開展是從回應笛卡兒的主張開始的。支持笛卡兒以理性

懷疑的態度追求知識、檢視知識的眞確性者，逐漸發展成理性論。主張
以經驗作爲知識來源與確定的判準者，逐漸發展成經驗論。理性論依據演
繹法，認爲思維獨立於感官經驗，知識的確定性來自理性，不是全部來
自於感官；甚至，人可以藉由理性超越感官獲得更多確定性的知識。理
性論的代表人物是斯賓諾莎（Baruch Spinoza, 1632～1677）和萊布尼茲
（Gottfried Wilhelm Leibniz, 1646～1716）。經驗論認爲人只能藉由感官
認識事物，哲學研究必須以立基於經驗的歸納法爲主，知識只限於感官經
驗到的事物。經驗論的代表人物是洛克（John Locke, 1632～1704）和休
謨（David Hume, 1711～1776）。

　　康德（Immanuel Kant, 1724～1804）試圖整合經驗論和理性論的爭
議，他寫《純粹理性批判》（*Critique of Pure Reason*）一書，希望能夠回
應懷疑論對知識可能性的質疑，並且能夠明確界定人類理性判斷的界線。
面對知識的課題，康德希望找出先於經驗而使經驗得以可能的條件。從前
述書名《純粹理性批判》不難看出康德的企圖，一方面，康德想要探究純
粹理性本身，想要對人類的認知能力本身作出批判性的探究；另一方面，
他也想從獨立於經驗的純粹理性出發去批判人類的認知能力。換言之，
《純粹理性批判》的理論目標就是要「在實際認知之前，先對人類的認知
能力本身作出批判」，藉此，完成他想要「明確界定人類理性判斷界線」
的目的。

四、當代哲學

　　當代哲學大約始於19世紀，從康德到黑格爾（G. W. F. Hegel, 1770～

1831），開啓了當代哲學的先聲。康德的哲學思想將知識論的研究模式，從對認知對象轉向認知主體的重大改變所帶來的關鍵影響，如同天文學上的哥白尼（Nicolaus Copernicus, 1473～1543），把人類長久以來認爲宇宙以地球爲中心的「地心說」，轉變爲以太陽爲中心的「日心說」的宇宙觀，因此稱爲「哥白尼式的哲學革命」，意味這種轉向是一種根本的重大轉向。康德的哥白尼式革命不但終結了近代哲學，也爲整個歐洲哲學的發展開啓嶄新視野，至此之後的歐洲哲學的發展大抵都與康德有關，特別是對德國思想的發展影響很大，在18世紀末到19世紀初形成一股思潮，開展出所謂的德國觀念論，成爲近代哲學晚期最重要的哲學理論之一。德國觀念論的發展繼康德之後有費希特（J. G. Fichte, 1762～1814）、謝林（F. W. J. Schelling, 1775～1854），集大成於黑格爾的「絕對精神」（Absolute Spirit）。

　　自文藝復興以來，人類精神與理性從神學束縛中被解放出來，但自然主義所主張的機械式形上學的宇宙觀，又把人類精神束縛於自然界的因果必然性之下。這使得個人的自由意志被抹殺了，存在與思維沒有得到統一。爲此，德國哲學家們站在唯心的立場，維護人類精神的獨立自主，力求使存在與思維統一；也因此，德國觀念論又稱爲唯心論，主張世界的本源是「唯心」的，外在世界乃觀念所生，知識的根源亦來自人的內在。他們主張，世界的本質是精神性的。精神、自我、主體位居他們哲學的中心地位。他們都承認哲學所追求的最高眞理是多樣性的統一。德國觀念論認爲理性論與經驗論各有其片面性，並且兩者也都企圖在肯定思想概念更根本的基礎上，把感性認識和理性認識結合起來，所不同者只是結合的方式與程度不同。德國觀念論發展至最後由黑格爾集大成。對黑格爾來說，辯證不僅是一種對話辯證，而是一種不斷變化運動的揚棄過程，這種揚棄過程包含「取消、保留和提升」三部分，也有人將這三部分稱爲「正、反、合」。黑格爾認爲，多樣性的東西，彼此分離對立的東西，都不是最眞實

　　的，只有普遍性、統一性才是最眞實的。如何從彼此分離對立（正與反的辯證）走向普遍與統一（合），此爲黑格爾「辯證法」（Dialectic）的核心。

　　黑格爾逝世之後，哲學內涵與近代哲學有鮮明的區別，因此被分割爲另一個時代。但是兩者並非毫無關聯，當代哲學可視爲近代哲學的延續，此體系精神是源起於希臘哲學，縱貫於整個西方哲學史中。目前當代哲學可謂百家爭鳴、群雄並起，哲學家們各自以建立思想旨趣極爲不同的哲學體系，呈現多元面貌。但這並非意味著當代哲學是混亂無章的，相反的，從當代哲學史上幾個具代表性的哲學家，如維根斯坦（Ludwig Josef Johann Wittgenstein, 1889～1951）、海德格（Martin Heidegger, 1889～1976）、哈伯瑪斯（Jürgen Habermas, 1929～）……來看，這些哲學家所建立的龐大體系各有其思想演進的脈絡。例如：馬克思（Karl Marx, 1818～1883）的辯證唯物論（Dialectical Materialism）、批判理論（Critical Theory）、分析哲學（Analytic Philosophy）、現象學（Phenomenology）與詮釋學（Hermeneutics）。

第二節　中國哲學的發展

一、中國哲學的特色

　　中國從前沒有「哲學」這個名詞，但早有哲學這套學問。中文「哲學」的「哲」字，據《爾雅》釋言，是「智」的意思。至於「學」字，伏生《尚書大傳》云：「學，效也」；班固《白虎通》云：「學之為言覺也，以覺悟所不知也」；許慎《說文解字》亦訓「斅」為「覺悟也」。依此，一切由未覺到覺、未效到效的事，都是學。由此觀之，中文「哲學」作為求智之學，相較於西方Philosophy的愛智，似乎缺少「愛」這一義。然而若將Philosophy的「愛智」理解為「窮極探求事物不變之理」，那麼中國哲學也早有「窮理」這個概念。《易傳》所謂「窮理盡性至命」便是。中國哲學除了窮理之外，也注重「修心養性」，所以中國的哲學還有明德的意義。如果說，哲學是對人類經驗做整體而根本的反省，由此得到啟發實踐於現實生活，並將這些過程訴諸為文字；那麼，無論是中國的道術、玄學、道學、理學、心學、義理之學等，皆可視為中國哲學。宋儒朱熹與呂祖謙所編《近思錄》，內容包括西方哲學中的形而上問題、知識問題、人生問題及社會、文化、政治、教育等等問題。

　　若從中國早期哲學著作觀之，例如：《易經》，以卜筮的形式、由陰陽符號構成的圖像以及對圖像的解釋，引導人們安身立命。孔子（551～479 B.C.）藉由解釋《易經》陰陽對立轉化的觀念將《易經》的思想提升到形上境界。《論語》是孔子或孔子和學生的簡易對話語錄，是極為精簡且彼此不相連貫的語句。老子（571～471 B.C.）的《道德經》雖然看似連貫為整體的五千字，但內容極為抽象難懂。《莊子》由數篇寓言故事

組成。這些著作的表現形式和內容看起來各不相同，但多半是以生命爲中心，重視生命安頓所需的人生義理或生命意境的抒發，與西方哲學偏重思辨論證的形式與對自然宇宙的整體關懷大不相同。雖然西方倫理學也講道德修養，但多偏重理智分析。因此，依中國傳統對「哲學」的原義來看，可說，哲學不但是智的學問，也是如何成爲哲人的學問，哲學家的思想往往是哲學家自身生命的體現，具有「通貫知行」的意義。換言之，中國哲學是從安身立命和文以載道的角度來發展的，這也成爲中國哲學的特色。

二、傳統中國哲學

中國哲學萌發於先秦時期，此時諸子百家爭鳴，是思想最爲豐盛的黃金時期，其中最爲重要的有儒、道、法、墨、名、陰陽家。儒學在漢代取得官學的地位，不過民間也流行道家並且發展出玄學，盛行於魏晉南北朝。佛學於漢代傳入，與玄學結合發展出中國化的佛學，盛行於隋唐。到了宋明時期，當時的士子融合儒、釋、道三家，發展出宋明理學。到了明末，理學式微，清朝時期轉向經典考據，中國哲學思想出現某種停滯。直至清末民初，西方思潮衝擊，遂有當代新儒家的興起，一方面主張回歸傳統儒家哲學，另一方面主張融會西方思想，建立新的儒學體系。

（一）儒家

儒家創始於孔子，成就於孟子（372～289 B.C.），終於荀子（316～237 B.C.），是中國最重要的哲學。孔子面對禮崩樂壞的時代，在行動上

四處遊說君主以「禮」安定社會；爲了重建禮的合法性，在思想上他追尋「禮」的意義與價值根源，由此建立一套由「仁」安「禮」，「以仁爲禮之本」的價值體系。孔子面對天人關係的課題，他主張人應敬天、畏天、知天命，但不能怪力亂神。就「通貫知行」而言，孔子視「詩」爲人生學問的起點，「禮」爲實現人生的形式，了悟「樂」的境界是生命的完成與充實：「子曰：興於詩，立於禮，成於樂。」（《論語·泰伯》）他以「仁」作爲實踐「禮」的人性基礎，認爲「仁」是追求美善的動力與根源，而「忠恕」是立身的根本，「克己復禮，推己及人」是實踐的原則。孟子主張「性善」，將性善的內涵擴充爲「惻隱之心、羞惡之心、辭讓之心、是非之心」四端，由此分別發展出仁、義、禮、智四種德性與之呼應，進而提出具體實踐的作法，例如：養浩然正氣、與人爲善、心存仁禮、篤忠信。荀子認爲人的自然本能，包括生理和心理的各種欲望與生俱來，多半自私自利，需靠後天不斷養成好習慣來改變本能的人性，藉由「化性起僞」的教化來完成孔子「克己復禮」的實踐原則。

（二）道家

道家創始於老子，老子的思想出現在論語之後，可視爲對孔子思想的反省。相對於儒家敬天、將天視爲道德意志的主體，老子主張「天法道，道法自然」，這是一種取消人文回歸自然之道，所謂「自然」不是指自然界，而是指「自然而然的境界」，是一種形上義、價值義的自然。所謂「道」是萬有的源頭，透過對立轉化，循環運動的方式自然運作。這種「自然之道」是對儒家人文之道的反思。儒家主張「道之以德」（《論語·爲政》），老子則鼓勵人「上德不德，是以有德」（《道德經·三十八章》），意思是說，較好的德行不是由人刻意造作與教化出來的，

而是順乎人的本性自然而然作出來的。因此，真正好的德行應該是人人都做得到。但也因為是順乎本性自然而為，似乎是人人都能得，所以常常不被人視為德行。與儒家重視形式、禮教之德相對，老子高舉「順人自然本性之德」的主張，可以說是，將人從德行教化中解放出來，以此存全生命本身自然生動的德。因為道內在於萬物，「萬物莫不尊道而貴德」（《道德經・五十一章》），要成就道德，就要學會「生而不有、為而不恃，長而不宰，是謂玄德」（《道德經・十章》）。意思是指人要效法自然之道，道生成萬物但不占有；為萬物而做卻不要求回報；幫助萬物成長但不主宰萬物。此般自然而然的「無為而為」才是有德的最高境界。

在這種意義下，老子提供為人處世三種寶貴的原則：「我有三寶，持而保之。一曰慈，二曰儉，三曰不敢為天下先。慈故能勇；儉故能廣；不敢為天下先，故能成器長。」（《道德經・六十七章》）萬物由道而生，道對萬物，猶如母親對待子女，無不慈愛。因此慈愛是做人的根本，自然之道須以「慈愛」實踐於世。面對人性無窮欲望，老子提倡節儉愛物。「不敢為天下先」是老子思想精華所在。時時謹記「不敢為天下先」的原則，就自然而然會朝向「無欲無爭」，行事為人自然會朝向身懷長才，卻能不爭名、不競利，坦蕩蕩地親民愛物。因此老子說「不敢為天下先，故能成器長」。這是老子心中的理想人格。

（三）佛家

佛學於漢末傳入中國。當時正值儒家經學式微，士子們受黨錮之禍的政治迫害，轉而研究《易經》、《道德經》和《莊子》等經典，清談其中抽象哲理，稱為「玄學」。玄學主張「有生於無」、「以無為本」的思想，與佛學般若宗的「空」相類似，於是當時就有許多高僧「以玄解

佛」，由此發展出「六家七宗」等中國化佛學。「六家七宗」之說，代表
兩晉時期中國佛教學者對印度佛教教義的理解與吸收。之後，到了隋唐，
是佛教最盛的時期，在此時期，佛教思想在中國無論是理論或宗教等各方
面都達到某種程度的整合，並且發展出中國的大乘佛教思想，其中比較具
代表性、影響後世較深的有天台宗、華嚴宗、禪宗。

　　佛教初傳入中國時，是一種沒有系統的、點狀的傳播形態。天台宗
的智顗法師將釋迦牟尼佛成道後講道說法的過程，依次分為五時期加以整
理，稱之為「五時」，並且將五時期講道說法的內容分為「化法四教」，
又將這五時期傳教的教化方式分為「化儀四教」，合稱「五時八教」。
「五時八教」將釋迦牟尼佛立教說法的思想作一系統性的理論統整，有助
於後人學習。天台宗的基本教義大體成於智顗，最重要的著作為《法華玄
義》、《法華文句》、《摩訶止觀》。

　　華嚴宗以《大方廣佛華嚴經》為根本經典，以解釋、闡揚《華嚴
經》思想為宗旨，與天台宗並稱為中國佛教哲學的代表，彼此在思想上長
期互動。《華嚴經》第一部分以佛陀在菩提樹下「始成正覺」為起始，描
述覺悟的法界全貌；第二部分以善財童子為例，描述修菩薩行的行者，如
何發菩提心、修行與證果。《華嚴經》的兩大部分，不論前半部由果向因
或後半由因向果的書寫，都是由菩薩行貫穿其中，是一本系統性討論如何
修菩薩道的專書。

　　禪宗的「禪」原本是「禪那」的簡稱，或稱為「定」或「禪定」，意
旨「靜慮」，在定靜中觀察思慮的意思。禪宗的始祖為南北朝來華的南天
竺人菩提達摩（？～535），達摩的禪法簡明深入，一方面向華人傳播印
度大乘佛教的思想，另一方面奠定中國禪宗發展的基礎。他的核心思想為
「二入四行說」。「二入」是指「理入和行入」。「理入」，強調要確立
正確的認知，對世事、身心種種現象的生起和消滅都有正確的認知，並且
要明瞭正確的道理。「四行」就指以四種善巧方便法門，幫助我們在人世

間克己利他，以正確的思維來面對生活中容易迷亂我們的情境。理入屬於理論，行入屬於實踐，「二入四行」是指禪法結合教義的修行方式。爾後中國的禪法行者，承繼達摩的禪法，逐漸形成中國禪宗。

（四）理學

　　理學盛行於宋明。宋代儒者見儒家經歷秦漢、魏晉、隋唐日積月累的衰微直至儒道荒蕪，想要重建儒學道統，故而著重於講述孔孟之道，但仍難免參雜道家和佛學的思想。因此，雖然宋明理學宣稱要返回先秦儒學，但後世看來，其實是儒學、佛學與道家的融合。其實宋明儒者也發現，道的衰微不僅受制於玄學與佛學的染雜，更是因為人性惡習所致。故而，宋明理學在省察人性惡習與對治工夫等方面拓展儒家思想。例如：宋明理學討論如何對治邪暗之塞、氣質之偏、私欲、習氣、意氣之蔽……等。

　　宋明理學有兩大派別，分別為程顥（1032～1085）、程頤（1033～1107）、朱熹（1130～1200）的「性即理」，以及，陸九淵（1139～1193）、王陽明（1472～1529）的「心即理」。朱熹認為「理」是宇宙萬物的本原，陸九淵則主張「宇宙便是吾心，吾心即是宇宙」。陸王並不反對「理」，而是認為「理」存於人心不假外求。朱熹則認為要透過「格物致知」的方式窮究萬物之理，至於「心」，乃是「理」與「氣」的具體化，並不等同於「理」。朱熹強調萬物皆有其理，「理」先於物而存在，萬物整體的「理」稱為「太極」。內在於人心的理又可稱為「性」，性是純善的，分散在仁、義、禮、智之中。由此可知，「理」內在於人心，其內涵包括仁、義、理、智等道德原理。然而由於人會受到氣質之偏、私欲習氣之蔽影響，因此修養的工夫就在於如何「存天理、去人欲」，透過「格物致知」來獲知內在的「理」，然後時時保持「敬心」，使內心的「理」能實現，因為「敬則私欲不生」。由此可知，「致知」和「用敬」

是理學中最重要的兩項自我修養工夫。

三、當代中國哲學：當代新儒家

　　清末民初，中國哲學受到西方哲學的衝擊，一方面反思中國是否有哲學？一方面反思中國哲學應如何因應西方思想？雖然有些學者，例如胡適，提出全盤西化的主張，但是更有學者主張致力於匯通中西哲學，闡明儒學的當代價值。這派學者以熊十力（1885～1968）及其學生唐君毅（1909～1978）、牟宗三（1909～1995）和徐復觀（1904～1982）等人為主的，稱為「當代新儒家」。唐君毅、牟宗三和徐復觀等人在1958年聯名發表〈為中國文化敬告世界人士宣言〉，又稱為「新儒家宣言」，內容指出，上承宋明的心性之學是中國哲學的核心，當代中國哲學需藉由與西方哲學對話的過程開展新儒學；其發展原則如牟宗三所主張，肯定儒學道統、護住孔孟所開闢之人生宇宙之本源、既容納希臘傳統，又能開出中國學術的獨立性。他獨力翻譯康德的三大批判著作，並以中國哲學與康德哲學相互詮釋，由此發展他的當代新儒家理論。以牟派為主的新儒家影響臺灣中國哲學的發展最為深遠。他們力求恢復中國傳統儒學的道德主體，奠定儒家的道德形上學，給予傳統儒學心性論新的生命；重新詮釋儒釋道三家哲學，使中國哲學在面對西方哲學的挑戰時，能延續傳統，開出中西哲學融會的新意。

延伸閱讀 ·····································

王邦雄、岑溢成、楊祖漢、高柏園，《中國哲學史》，臺北：里仁，2005。

威廉・文德爾班（Wilhelm Windelband），《西洋哲學史》，羅達仁譯，臺北：臺灣商務，1998。

張勻翔，《圖解中國哲學史要略》，臺北：五南，2017。

傅佩榮，《一本就通：西洋哲學史》，臺北：聯經，2011。

傅偉勳，《西洋哲學史》，臺北：三民，2004。

曾春海，《中國近當代哲學史》，臺北：五南，2018。

研究與討論 ·····································

1. 就西方哲學發展的脈絡觀之，什麼是希臘哲學的特色？什麼是中世哲學的特色？

2. 綜觀希臘哲學至中世哲學的發展歷程，請嘗試說明：中世哲學哪些部分受到希臘哲學的影響？

3. 就西方哲學發展的脈絡觀之，什麼是近代哲學的特色？什麼是當代哲學的特色？

4. 綜觀近代哲學至當代哲學的發展歷程，請嘗試說明：當代哲學哪些部分受到近代哲學的影響。

5. 請簡述「傳統中國哲學的特色」。

6. 傳統中國哲學中，最具代表性的有儒家、道家、佛家和理學，四者中，你（妳）最認同何者？請簡介你（妳）所最認同的思想學派，並說明你認同的理由。

7. 請簡述「當代中國哲學的特色」。

第三章　哲學思考與邏輯推論

第一節 「哲學思考」是一種合乎邏輯的思考

一、「哲學思考」的好處

　　「哲學思考」乃理性推理能力的發揮，理性推理就是一種邏輯思考的活動，因此可以說，哲學思考就是一種合乎邏輯的思考。蘇格拉底反詰法啓發人們反省：「是否毫不思索就接受許多觀念？」當有人發現原來自己所信奉的想法其實是「被洗腦」的結果，難免會感到困惑：「原以爲自己行事合乎規範，合乎人情義理，應該沒什麼問題才對，怎麼一討論起來卻處處是問題呢？」有些人甚至會認爲自己其實只是盲目地過日子，那些理直氣壯地捍衛的信念，其實根本沒有眞正理解。信念若沒有眞正理解，行爲就會缺乏穩固的基礎。如此看來，要求忠貞愛國、禁止酒駕、維護資訊安全等軍紀，如果沒有確實理解這些軍紀所蘊含的信念，僅是流於形式和口號；那麼，再三加強宣導亦難有實質的果效。

　　「辯證法」能化解不同意見，條理分明、論述有據的表達，促進良好的討論。良好的討論是指不離題的討論。溝通時若能運用蘇格拉底反詰法、辯證法等哲學思考，比較能針對主題來表達和討論，減少不必要的爭執。通常發生離題，是因爲人們在思考時容易提出不相干的觀點來混淆焦點。哲學運用理性的對話、辯證和推理原則，有助於人們避免使用不相干的論證，避免提出沒有因果關聯的概念，並且也有助於讓思考事情更爲謹愼、細膩與周全。熟悉「哲學思考」，有助於分辨自己和別人的主張是否合理，跳脫人云亦云的迷思與陷阱；也有助於學習如何使用正確方法解決問題，無論這些問題關乎生活、工作、人際關係、政治、商業或愛情。

反之,缺乏哲學思考,意味著缺乏「發問」與「思考」的能力,會造成學習、生涯發展、工作、溝通與人際關係上的阻礙。行動前若能運用「哲學思考」,比較能針對事情的核心來行動。一般人誤以為,哲學思考等同於辯論,熟悉哲學思考就等於「好辯」,而「好辯」會讓人討厭、不受人歡迎。事實上,「哲學思考」不但不會好辯、好爭論,反而還因為能條理分明的思考和表達而減少辯論和爭論,並且也能循序漸進地做事情而獲得認同,讓事情進展順利。由此可知,「哲學思考」作為一種思考技術,有助於表達與溝通,爭取認同,有效率的行動。

二、哲學思考的三種基本素養

哲學本身是一門探究事物本質的學問,藉由思考,逐漸接觸事物的本質或核心。許多學科和學問都涉及思考,例如:數學或許多自然科學也都強調思考活動的訓練。這樣看來,訓練思考不是哲學獨有的活動,即使不學哲學,人還是能夠進行思考。不過,不同於其他學科,哲學是一門幫助人精通思考、廣泛與深入思考的學問。哲學思考的類型、主題多半與「根本」或「本質」的問題相關,透過檢視論點或信念的基本假設,提醒我們不要人云亦云。哲學強調獨立思考,鼓勵人們檢視那些原本被視為理所當然的信念,試圖找出合理的解釋,藉以說明信念的真確性、有效性和客觀性。

訓練哲學思考,不需藉助神明啟示或社經地位,凡具備理性思考和推論能力的人都可從事哲學思考。進行哲學思考時要盡可能地釐清概念和論點,以便能確切掌握這些概念和論點的意義,要達到這樣的目標,需要藉

助邏輯訓練的幫助，並且在訓練哲學思考之前必須先培養三種基本素養：

1. 保持好奇：保持對思考對象的意義或信念感到好奇，引發思考的興趣。

2. 保持懷疑：不盲從，不輕易相信，保持懷疑才能促發思考活動。

3. 檢驗根據：凡事皆須經由邏輯檢驗、尋找合理根據，才能相信或支持。

由此可知，「哲學思考」須依據理性、具冷靜客觀的態度與神智清明的頭腦，並以懷疑的態度進行。

三、哲學思考的方式

（一）蘇格拉底法：「對話」作爲哲學思考的方式

哲學思考方式有許多種，其中較爲經典且適合入門的是「蘇格拉底法」。蘇格拉底採取的哲學思考方式是最平易近人的「對話」，他沒有著作，也宣稱自己什麼都不知道。他站在雅典市集中，理智地、眞誠地承認自己無知，邀請人們繞著某議題交談；先是請交談者發表對某議題的看法，然後藉由提出「假設」和「反例」等方式質疑交談者最基本的信念，一步一步地詢問對方，使對方回答時不自覺地陷入矛盾，迫使對方自認矛盾，發現原先相信的那些信念其實沒什麼根據。這促使交談者對原有的信念產生困惑或不確定感，甚至願意承認自己其實沒有眞確地掌握那些信念，進而激勵交談者願意進一步檢視原有信念的眞確性，進行更多哲學思考、追求眞理，逐步獲得更爲普遍的知識。這種透過反詰、辯證，再設法

歸納成普遍的概念或定義的方法，就是蘇格拉底所用的思考方法。這是一種從問答中求得眞理的方法，因爲使用反例、反論、反詰甚至是反諷，所以又稱爲「反詰法」（Elenchus）或「對話術」（Dialogue）。

　　這種「反詰法」或「對話術」需要發揮理性的功能，特別是邏輯推論的能力。要理解「蘇格拉底法」，最好的方式是，直接閱讀柏拉圖《對話錄》中的描述。以《克里托篇》（Crito）的片段爲例，克里托是蘇格拉底的好友，蘇格拉底被判死刑之後，克里托力勸他逃亡離開雅典，以下節錄他們針對此一議題的對話：

克里托（以下簡稱克）：不凡的蘇格拉底，你現在仍來得及聽我的勸告拯救自己。你要是死了，爲我而言不僅不幸，因爲失去你這位難得的朋友，更使其他不了解我的人會以爲我不肯花錢救你。眞的！還有什麼比重財輕友更令人不恥！大多數人不會相信我其實願意花錢救你，是你自己不願意離開。

蘇格拉底（以下簡稱蘇）：爲什麼需要理會大多數人的意見？有識之士的意見才值得重視吧，因爲只有他們能做出恰如其分的主張。

克：可是大多數人的意見也不能忽視啊！眼前擺明的事實是：誰要是不受大衆歡迎，大衆就有力量讓他受災；而且還不是輕微的災禍，而是嚴重的災禍。

蘇：親愛的克里托，你的一番好意若合乎情理，自然十分寶貴；否則，好意就會變成難辨的包袱。我們必須研究一下是否非得這樣做不可。我向來只信思慮時所需的合理法則。我不能因爲受命運災禍的撥弄，就把合理的思慮法則拋之腦後。……你想想看，是不是這樣，大衆的意見不必全部尊重，尊重部分人的意見就行了。你覺得我所說的不對嗎？

克：對。

蘇：正確的意見我們尊重，錯誤的意見就不尊重，是嗎？

克：是。

蘇：正確的意見就是有識之士的意見，錯誤的意見就是無識之人的意見，
　　是嗎？

克：是。

蘇：例如：一位以鍛鍊體格維生的人，他應該重視所有人的稱許、責備和
　　意見呢？還是應該重視一位像醫生或教練之類的人的稱許、責備和意
　　見就行？

克：一位像醫生或教練之類的人。

蘇：你的意思是說他必須在乎一位像醫生或教練之類的人而不是多數人的
　　意見。

克：是。

蘇：……克里托，說得好。其他事情也不例外，不必一一細說了。可是對
　　於我們現在要討論的正義、名譽和恥辱等問題，又該採取哪一種態度
　　呢？是該順從和畏懼大多數人的意見呢？還是該順從和畏懼一位對這
　　些有特殊認識的人呢，特別是這位特殊的人是我們特別敬畏的人？

克：特殊令人敬畏的那位。

蘇：老哥，那麼多數人怎麼說我們，我們大可不必理會。需要理會的是
　　那位代表眞實、了解正義和不義的人的意見。所以你勸我在正義和不
　　義、美和惡、好與壞等問題上一定不要忽略大多數人的意見，一開始
　　你便勸說錯了。不過有人會說：「大眾有置人於死的權力啊！」

克：蘇格拉底，很明顯的，當然有人會這樣說。

蘇：說得對。可是我們現在的立論似乎還是跟剛才的一樣。你再考慮考
　　慮，看看我們是不是仍舊肯定，人應該要重視的不是活著，而是好好
　　活著。

從上述對話過程可以看出，兩人看似聊天的交談，其實是蘇格拉底藉由問答對話的過程，主導「概念澄清」與「論證」的思辨，這正是「哲學思考」的特色。這種「蘇格拉底法」的哲學思辨形式亦具有某種邏輯推論的結構，可分析如下〔艾倫·狄波頓（Alain de Botton），林郁馨、蔡淑雯，《哲學的慰藉》（*The Consolations of Philosophy*），2001〕：

1. 找出一個被視為理所當然的陳述。

2. 設想此一陳述是錯的，思考在什麼情況或脈絡下，此陳述是錯的；亦即找出反例或反論，試圖指出這樣的陳述是錯的。

3. 一旦發現反例，代表原先的陳述縱然不是全部都錯，至少也是不精確的。

4. 更為細微的修正前面的陳述，直至能將剛剛所提之反例或反論考慮進去。

5. 若是修正後的陳述再次發現無法涵蓋反例，就應重複上述過程。

「蘇格拉底法」的核心要旨在於：真理寓於某個不能被反證的陳述裡。因此，「蘇格拉底法」便是要找出那不能被反證的陳述，在這樣的過程裡面，我們不但能更加了解事物的真正本質，並且，經過反證所挑戰過的主張，比起原先沒有被哲思檢視過的信念更經得起考驗。若能將更多的反例考慮進來並適時修正，將會使得自己的信念更具有普遍性、客觀性和一致性，更貼近真理。

（二）辯證法（dialectic）：「論辯」作為哲學思考的方式

「辯證法」是一種化解不同意見的哲學思考方法，古希臘時期的思想家談到辯證，通常指的是為某一結論而論辯，或者是以論證來建立自己的主張，之後逐漸形成以問答形式進行的一種討論技術。當時使用辯證法有

名的哲學家之一是蘇格拉底，他將辯證法的運用譬喻爲助產術或接生術，認爲辯證法是一種幫助他人產生正確觀念的方法。辯證法在不同哲學家的思想中各自有不同的意涵，例如，對黑格爾來說，辯證不再僅是一種對話辯證，而是一種不斷變化運動的揚棄過程。這種揚棄過程包含「取消、保留和提升」三部分，也有人將這三部分稱爲「正、反、合」。黑格爾認爲，一組矛盾對立的概念或主張，不見得一定要排除任何一方，更好的做法可能是能夠包含兩者的綜合；多樣性的東西，彼此分離對立的東西，都不是最眞實的，只有普遍性、統一性才是最眞實的，而如何從彼此分離對立（正與反的辯證）走向普遍與統一（合），此爲黑格爾辯證法的核心。從前述辯證法的精神可以了解到，哲學思考的對話和討論，並不是以駁倒和否定對方爲目的，更重要的是尋找雙方都能接受的解決方案。

（三）笛卡兒的哲學思考方法：「推理」作爲哲學思考的方式

法國哲學家笛卡兒開創，他仿照數學和幾何，建立直觀─演繹的認識方法。他提供四項原則作爲正確認識的法則，這四項法則同時也可以作爲使人有條理思考的四項步驟：

1. 爲避免錯誤判斷與偏見，在尙未清楚認識之前，不接受任何事物爲眞。唯有清晰的、明瞭的、絕無可疑的事物才能被接受爲眞。

2. 須盡可能地將事物分爲許多小部分來加以檢視。

3. 認識與思考須循序漸進，從簡單至複雜。

4. 盡可能地列出所有例子，並且逐一澈底檢視，確保沒有疏漏。

其中，第一步驟，確切地說，可以視爲一種哲學思考的基本態度，哲學最鮮明的特色之一就在於，對一切事物都不預設立場，要對想法背後的

基本假設提出檢視性的質疑。這是一種懷疑的態度，具懷疑的態度促使人進行理性推理。因此第二和第三步驟，就是一種思考推理的原則。有了這兩種理性推理原則，懷疑就不再只是消極的否定，不是為懷疑而懷疑，而是一種可以被稱為有條理思考的明確作法。至於第四步驟可以視為一種嚴謹與謹慎的提醒，幫助思考更為細膩與周全。

　　不論是蘇格拉底的反詰式對話、或試圖以論證或辯證方式闡述自己的主張、或用「正、反、合」不斷變化運動的過程進行思辨、或仿照數學，建立直觀─演繹的認識法，這些哲學思考方法既是理性功能的發揮，也是合乎邏輯的思考活動。然而，若要更為系統性探究推論與論證的思考方式，區辨論證的有效性，健全思維工具，則需要更為專業地發展邏輯。

第二節　邏輯推論

「哲學思考」的對象是觀念，因此可以說，「哲學是一門探討觀念的學問」。觀念需要透過論證的方式研究，因此也可以說，「哲學是一門用論證來探究觀念的學問」。而「邏輯」正是一門系統性探究推論與論證的科學，是一門研究推論法則、健全思考與探究什麼是有效論證形式的學問。邏輯作為正確思維的工具，是建構知識的基礎。學習邏輯之前，若能將相關的術語，例如：推理、推論、論證、概念、判斷等進行概念澄清，使相關術語的界定明確，將有助於理解與學習。

一、推理、推論與論證的概念澄清

（一）推理與推論

邏輯作為一種思考技術，主要是指推理與論證的思考形式。為了清楚地掌握邏輯思考的內涵，首先，需要將幾個相關的名詞界定清楚：「推理」（reasoning）、「推論」（inference）與「論證」（argument）。通常「邏輯」指推理的能力和活動，當我們為信念提出理由時，就是在進行「推理」。「推理」是指由已知或假定的前提推求結論，或由已知的答案（結果）反推理由或根據。因此，「以因求果」、「以果推因」、「歸納」、「演繹」等思考活動，都可稱為「推理」。

至於「推論」是指狹義的推理，在哲學或邏輯上多半使用「推論」而非廣義的「推理」一詞。

（二）推論與論證

　　邏輯上「推論」多半與「論證」緊密連結。因為前提推論至結論的活動形式稱為「論證」。「論證」是對結論的合理說明，因此所有的論證都是合乎理性的要求。基本上，「論證」的結構是由「前提」與「結論」所組成。論證的前提，乃是在針對結論進行合理說明之前，所必須先接受為真的根本假設。人若主張某看法為真，必會提出理由和根據來支持這個看法。這些理由或根據初步是一種假設，邏輯上稱這些假設性的理由和根據為「前提」，稱該主張或看法為「結論」，而在語句中連結前提與結論的語詞為：「因此、所以」。例如：王教官向長官申請放榮譽假，因為他帶領的球隊比賽得到冠軍。「要求放榮譽假」是王教官的主張，亦是結論。通常「前提」是支持結論的理由，因此這個結論的前提可以是：「之前長官曾說，如果王教官帶領的球隊得到冠軍就可以放榮譽假」。通常「前提」必須提出為真或為假的主張，然而並非所有的表述句都能作為前提。例如：命令句（士兵們向右轉）、疑問句（請問洗手間在哪裡）、驚嘆句（天啊）、形容句（這支隊伍好強）。凡無關真假的句子皆不能作為前提。當結論可以從前提演繹出來的時候，結論所獲得的便是最可靠的支持。

　　需更多釐清的是，「論證」不同於「解釋」，「論證」是以推論來證明某信念或主張為真，重點在於有效與無效，「解釋」則嘗試顯示某事如何為真。例如：假設抓到一名偷竊嫌疑犯，關於偷竊的「解釋」是要指出做出偷竊行為的理由，亦即要解釋「犯案動機」；關於偷竊的「論證」則是要找到證據證明是該小偷所為，或是藉由論證去推論偷竊過程，以此證明是這小偷所為，抑或者是要推論哪一種解釋最為合理。由此可知，「解釋」的內容有時可作為「論證」的前提。「論證」以邏輯推論的形式提出理由或證明，目的是要捍衛信念或立場，證明信念或立場為真。邏輯學明

確定義「論證」：「一組述句，包含前提述句和結論述句，而且結論是從前提中引導出來。所謂引導是指，前提所包含的語詞和結論所包含的語詞之間，至少有一個語詞是有意義的連結，或者，論證形式符合論證的規則，也就是說，結論是由推論的過程產生。」（陳瑞麟，2003）。一個好的論證可以證明其結論是值得相信或接受的；而壞的論證則不能證明這一點。

二、概念、判斷、推論的概念澄清

進行推論時需要「判斷」前提語句的真假，判斷的對象是「概念」。「概念」指平常使用的語詞，語詞通常有兩種指涉，一是「意象」，二是「意義」。「意象」來自個人可能夾雜情緒感受的主觀經驗；「意義」類似於字典裡的定義，為大家所公認。邏輯推論首先要考察「概念」，考察的原則是儘量排除意象，界定意義，之後進行判斷。所謂「判斷」是將兩個或兩個以上的概念進行「是」或「不是」連結，若配合概念的周延性，如「全部」或「有些」，可以歸結出四種類型的「判斷」：全稱肯定、特稱肯定、全稱否定、特稱否定。舉例來說：

1. 全稱肯定：軍人都很顧家。（所有的A是B）
2. 特稱肯定：有些軍人很顧家。（有些A是B）
3. 全稱否定：軍人都不顧家。（沒有A是B）
4. 特稱否定：有些軍人不顧家。（有些A不是B）

由這四種類型的判斷可以衍生出各種複雜的命題，重要的是「判斷形式」與「運作規則」，而不是具體的內容。具體的內容因時、因地、因人而

異，但是形式與規則卻是永遠有效的。一旦將兩個或兩個以上的判斷配合運作規則連結起來，就構成了推論，而，由前提推論至結論的過程，就稱為論證。

三、邏輯推論的形式種類

邏輯推論有三種基本形式，分別是「歸納推論」、「演繹推論」與「溯因推論」。簡要地說，「歸納推論」是由部分事實作為前提，推論出一般性命題的結論，呈現的是一種「或然性關係」；「歸納推論」的前提對結論的支持只是可能的。「演繹推論」是由一般性命題作為前提，推論出事實作為結論，呈現的是一種「必然性關係」；「演繹推論」的前提對結論所提供的支持是必然的。「溯因推論」是為了說明已經設定的結果而提出一個假說，因此被稱為「發現的邏輯」。它根據預設的事實，藉由解釋事實的假設而推論出結論。

（一）邏輯推論的形式：歸納推論（inductive argument）

感官經驗從外界事物所得到的知識往往是個別的、零散的，如果要將這樣的知識應用於未來經驗，需要滿足普遍性與客觀性的要求，這就需要仰賴「歸納推論」。「歸納推論」是一種觀察個別現象，由此得出具普遍性結論的思考法。「歸納推論」有兩個特徵：1.前提為真，只能支持但不能確立結論的有效性。2.結論含有前提以外的訊息。例如：

例一

前提：進入A部隊，迎面而來的每位軍人都穿迷彩服。

結論：A部隊的軍人都穿迷彩服。

例二

前提：陸軍官校學一連到學八連都是男生。

結論：陸軍官校的學生都是男生。

在例一，結論是指，所有軍人，不只是迎面而來的那些軍人，都穿迷彩服。例一指出，「歸納推論」可突破個別事例的限制，從中推論具有普遍性與客觀性的結論，並且由論證保障結論的合理性。雖然「歸納推論」可得普遍性結論，但不保證結論必然為真，不屬於有效論證。因為結論裡所指涉的「所有軍人」，無法從前提的陳述句中確認其有效性。即使論證的前提為真，也不保證結論必然為真。不過，不容否認的，「歸納推論」仍是最重要、最基本常用的思考法。若要強化「歸納推論」的真確性，必須確保前提為真，這可為結論提供較強的支持。確保前提為真，一方面可以提出更為具體真確的前提；另一方面，前提可增加個別事例的數量和範圍，強化其真確性。故而，「歸納推論」雖然不像「演繹推論」那般，可在前提皆為真的情況下保證結論亦真，但卻是我們從個別經驗推論出普遍知識命題的重要憑藉。

（二）邏輯推論的形式：演繹推論（deductive argument）

「演繹推論」是三種邏輯推論形式中最嚴謹的一種，它是指根據已知的事實或假設條件推演出結論的推論方式。在「演繹推論」中，由前提

導出結論的過程必須和數學公式一樣精確嚴謹。在「演繹推論」中前提爲眞，結論也「必定」爲眞。這種論證形式，又稱爲「有效論證」。不過，論證形式有效與否，無法說明其前提的眞假，因爲無效論證之結論的眞假無法從前提的眞僞推論。即使前提爲眞，結論仍有可能是假，這樣的推論就是無效論證。因爲論證的有效與否是基於論證形式，而不是基於內容。在演繹論證中，最爲人熟悉的論證形式是「三段論證」（syllogisms），這是一種根據一個普遍承認的原則（或定理、定律）爲前提，從而推演到特定的事例，最後得到一個肯定結論的推理方式。

以下舉例子說明「演繹推論」：

前提一　凡金屬皆爲原質（若P則Q）

前提二　鐵是金屬（若X是P）

結　論　故鐵爲原質（則X是Q）

前提一　凡金屬皆爲原質（若P則Q）

前提二　塑膠不是原質（X非Q）

結　論　塑膠不是金屬（所以，X非P）

前提一：進入A部隊，迎面而來的每位軍人都穿迷彩服。

前提二：王大勇是A部隊的成員。

結　論：王大勇都穿迷彩服。

前提一：陸軍官校學一連到學八連都是男生。

前提二：王大勇是陸軍官校學三連的學生。

結　論：陸軍官校的王大勇是男生。

從上述演繹推論的例子看，所謂「正確推論」是指從「前提」可推出結

論，若「前提」可接受，則結論亦可被支持。「不正確推論」是指無法從「前提」導出結論，亦即若「前提」無法被接受，則更無法接受結論。

（三）邏輯推論的形式：溯因推論（abduction）

　　古希臘邏輯之父是亞里斯多德，首創演繹論證體系，其中最經典的是三段論證。他在《前分析篇》中提出還有另外一種叫做$a'\pi\alpha\gamma\omega\gamma\eta'$的推論方法。當代美國哲學家皮爾斯（Charles Sanders Santiago Peirce, 1839～1914）將這種方法引入科學邏輯推論中，命名爲「溯因推論」。這是一種以演繹法與歸納法的精髓爲基礎，施行逆向推論的方式；亦即從結果追溯原因，藉由對造成事實現象的原因加以追溯，形成假設，並做出最佳解釋的推理方法。簡言之，「溯因推論」就是一種「根據最佳解釋所做出的論證」。皮爾斯給「溯因推論」一個定義：「從所觀察的現象，尋求如何構思、假設，以創新的思維來解釋問題與觀察的現象，因而獲得概念、增進新知的歷程。」。皮爾斯認爲：所有的科學觀念由「溯因推論」而產生，新知識只能通過「溯因推論」來完成。因爲「溯因推論」是一種形成解釋性假說的程序，歸納只是將經驗觀察的現象推論出某種結論，演繹則只是從一個純粹假說推論出其必然的結論，而，溯因則是能從它所建議的演繹預設中推出某個能夠被歸納來檢驗的命題。事實上，「溯因推論」已被用在許多人類活動中，如日常生活思維、科學思考、言語理解、醫療診斷、辦案推理等等；而在科學原理的發現過程中，科學哲學家也確認「溯因推論」的重要性。因而「溯因推論」已逐漸成爲認知科學中關鍵的研究主題（Magnani, 2001）。舉一「溯因推論」的例子：

　　前提一：一般人認爲只有長期在豔陽下勞動曝晒才會中暑，但當人從高溫環境突然進入冷氣房，原先擴張的血管急速收縮，體內的熱蓄積，此

時若水分補充不足又不排汗，身體散熱困難就會造成中暑，俗稱「冷氣房中暑」。

前提二：整個早上待在會議室開會的小江中午外出買午餐，回來後覺得頭重腳輕，疲倦無力，食欲不振，有中暑現象。

結論：小江是「冷氣房中暑」。

在這個例子中，結論是對小江中暑原因的解釋。這是一種為事物尋找原因或解釋的推論方式，可以將溯因推論理解為演繹推論的反面。然而，由於溯因推論和歸納推論一樣，前提成立都不能必然保證結論成立。一般來說，比較好的溯因推論應該找到能夠事物的最佳成因或最佳解釋。

歸納推論、演繹推論、溯因推論這三種主要的邏輯推論形式，提供了三種不同的邏輯思考幫助人建構理性論述，為各自的主張提出充分理由。學習邏輯推論使我們有能力辨別和使用這些邏輯思考，幫助我們能夠有條理的言說和提出更為合理的論述。

第三節 邏輯推論的謬誤

所謂「謬誤」是指論證中有缺陷，是錯誤的推論。邏輯推論的謬誤包括「形式謬誤」和「非形式謬誤」兩種。通常只有演繹推論才會犯形式謬誤。換言之，所有「形式謬誤」皆屬於演繹推論的謬誤。

一、形式謬誤

所謂「形式謬誤」是指「不正確的演繹推論」，這使得其前提即使為真，亦無法推理其結論為真。所有的形式謬誤都是能夠用邏輯形式表達的謬誤，因此很容易被誤認為是有效的論證，因為它們的論證模式和有效論證有點相像。以之前「演繹推論」所舉的例子繼續延伸舉例，可清楚理解「形式謬誤」：

前提一	所有的狗都是生物		前提一	所有的A是B
前提二	所有的動物都是生物	其形式是：	前提二	所有的C是B
結　論	所有的狗都是動物		結　論	所有的A是C

我們用「狗」替代A，「動物」替代B，「貓」替代C，結果變成

前提一	所有的狗都是動物	T
前提二	所有的貓都是動物	T
結　論	所有的狗都是貓	F

兩個前提為真，但無法推論結論為真。上述論證看來能用邏輯形式

表達，但確是無效的論證。所以稱爲形式謬誤。無效的原因在於，結論的
眞假無法從前提的眞僞中得知。

二、非形式謬誤

　　所謂「非形式謬誤」是指，推理思考的問題不在於推論形式，乍看之
下似乎有道理，但是仔細一想會發現整個推論過程是有問題的。這些推論
上的錯誤可不是只出現在哲學問題的處理上，在其他知識領域，甚至日常
生活中也常發生。「非形式謬誤」的種類很多，邏輯學家的分類也各不相
同。舉例來說：

前提　　籃球員是人
結論　　好的籃球員是好人

前提爲眞，推論乍看之下似乎有道理，但推論過程卻是有問題的。
前提一　　計畫失敗就是計畫泡湯
前提二　　泡湯就是將東西放到水裡
結　論　　計畫失敗就是將計畫放到水裡

這個論證表面上的形式是：

前提一　　所有A是B　　　　　　　　前提一　　所有A是B
前提二　　所有B是C　　但其實是　　前提二　　所有C是D
結　論　　所有A是C　　　　　　　　結　論　　所有A是D

簡要地說，常見的「非形式謬誤」有：訴諸群眾的謬誤、訴諸錯誤權威的謬誤、訴諸人身攻擊的謬誤。

（一）非形式謬誤：訴諸群眾的謬誤

「根據民調，超過百分之六十的人認為現任教育部長該下台。」類似的語句經常出現在各種傳媒，彷彿「大家都這樣認為」代表很客觀，而客觀就代表著某種合理性與正確性。不過問題就出在這裡，大多數人所認同的觀點就一定合理嗎？萬一眾人被誤導呢？其實，知識和真理追求的是「質」而不是「量」。「大家都這麼認為」的確是引人注目的現象，不過，更重要的是，大家「為什麼」這樣認為。

（二）非形式謬誤：訴諸錯誤權威的謬誤

廣告語詞常常訴諸權威，例如：「專家實驗證明，4-7歲是學習第二外語的黃金期」。之所以會想要「訴諸權威」，是因為人們普遍以權威作為判斷正確意見和知識的依據，尤其當知識分化與專業化之後，權威或專家的意見就顯得重要且必要。然而，正因為知識分化越來越細，引用權威的意見時，更要注意權威的專業領域。專業的權威有其專業範疇，因此，物理學諾貝爾獎的專業權威，其專業權威性僅限於物理學領域。若讓只懂物理不懂教育的物理學專家來主導國家的教育政策，就是一種典型的訴諸錯誤專業權威的謬誤。嚴謹地說，凡不是教育專業之專業威權者的意見僅能作為參考，不能視為充分理據，更不能視為專業政策依循的理論依據。否則，就是犯了訴諸錯誤威權的謬誤。

（三）非形式謬誤：訴諸人身攻擊的謬誤

　　社會上也常見討論公共議題時，出現藉由攻擊他人人格有問題的方式，模糊焦點，藉以否定他人的主張，這就是一種人身攻擊的謬誤。事實上，一種主張能否成立應就事論事；然而，一旦出現人身攻擊，就很容易將眾人的眼目誤導至提出意見的人身上，進而把「對人的不滿」轉移到他所提的論點上，這就是一種人身攻擊的謬誤。此時，需要的不是邏輯分析的工具，而是沉默與冷靜，暫時停止討論。

延伸閱讀 ....

張忘形，《忘形流簡報思考術：找到說服邏輯，讓你的價值被看見！》，臺北：
　時報出版，2019。

陳波，《邏輯學的第一堂課》，臺北：書泉，2007。

陳祖耀，《理則學（十二版）》，臺北：三民，2018。

麥肯納利（D. Q. McInerny），《邏輯力：邏輯思考的入門書》，包丹丰譯，臺
　北：久石文化，2015。

湯瑪斯‧吉洛維奇（Thomas Gilovich）《康乃爾最經典的思考邏輯課：大數據
　時代，你一定要避開的自以為是》，林力敏譯，臺北：先覺，2015。

研究與討論 ....

1. 請簡述「哲學思考的三種基本素養」，並說明你（妳）如何幫助自己在日常生
　活中養成這三種素養。

2. 哲學思考的方式至少有：對話、論辯、推理三種，請簡介你喜歡的方式，並說
　明你（妳）打算如何培養自己擅長這種思考方式？

3. 邏輯推論的形式至少有：歸納、演繹和溯因三種。請簡介這三種邏輯推論的形
　式，並嘗試分析這三種推論形式的使用時機。

4. 請簡述什麼是「形式謬誤」，並舉例說明「形式謬誤」無效的原因。

5. 請簡述什麼是「非形式謬誤」，有哪些種類？請列舉一種並說明其無效的原
　因。

第四章　知識論

第一節　「知識論」簡介

　　「知識論」是一門以認知與知識爲研究對象的學問，研究知識的性質與獲得的方法，因此又稱爲認識論。「知識論」（Epistemology）一詞，源自希臘文Episteme與Logos二字；Episteme意謂知識，Logos意謂學問。兩字結合成「知識論」（Epistemology），意思是「研究知識的學問」。哲學基礎理論有形上學、知識論與倫理學，足以和形上學分庭抗禮且並駕齊驅的是知識論。形上學和知識論猶如樹根與樹幹，共同撐起哲學這棵大樹的整體。形上學與知識論的問題常常是形影不離，關係密切，例如：形上學關切「萬物的本質或根源」，知識論關切「如何認知到這本質或根源」。古希臘哲學家多半是一起回應這兩組問題，例如：德謨克里圖斯（Democritus, 460～370 B.C.）認爲，原子爲萬物本質，憑藉感官發現萬物的細微變化而得知。「原子爲萬物本質」爲形上學的命題，「原子可憑藉感官發現萬物的細微變化而得知」此爲知識論的命題。由前述兩例可以更加清楚知道古希臘學者的主張，常常是形上學與知識論緊密參雜的。形上學的主張或命題需要藉由知識論命題的輔助使之證成，或者，由知識論層面提供追求之道。

一、「知識」的三種性質

　　人類不斷追求知識，不僅學術需要知識，行動和認知也需要知識。知識不僅是指學校教的、書本記載的那些內容，任何你知道的事物都可能是知識。不過，哲學知識通常是指「命題性知識」，也就是能用語句表達且

可證明的，像是「凡人皆會死」、「事事恆變」、「水是萬有生成的」。
我們可以從知識的三種性質來界定什麼是哲學知識：「合理性」（ratio-
nality）、「客觀性」（objectivity）、「普遍性」（universality）。這知
識的三種判準之間彼此關聯、相互包含：

（一）「合理的知識」是指，知識不能來自個人偏見、私欲與利
益，而是出自理性的邏輯論證，抑或能提供充分理據或事證。

（二）「客觀性」一詞連結外在「客體」（object），由此，「客觀
的知識」是指，知識必須符應於外在世界，而不僅是反應個別主體內在的
觀點。

（三）「普遍的知識」是指，知識的真確性必須儘量「放諸四海皆
準」、「古今中外皆然」，而不只是對某個人、某性別或某文化為真。

（四）「合理的知識」必然也是客觀和普遍的；知識若要符合「客
觀」的條件，必定蘊含某種程度的合理與普遍；所有能被稱為「普遍的」
知識，必然因為這些知識是合理的與客觀的。

二、知識論的課題與研究範圍

知識論的目的是追求真理。追求真理是一連串揭開真相的歷程。其
課題關乎「知識」與「認識」兩大範疇。在「知識」的範疇裡，相關的課
題有：如何界定知識？如何說明知識的起源？如何找到真實客觀的知識？
如何保障知識的真實？如何建立正確思考的準則？如何深究知識、常識、
信念與意見之間錯綜複雜的關係？如何尋找通往真理的可靠指南？……
在「認識」範疇裡，相關課題涵蓋一連串認識的反思與追問，包括：能否

認識？如何認識？認識的範圍？認識的程度？整個知識論的發展歷程與上述兩大範疇的研究課題相關。若以「認識」作為畫分知識論研究課題的依據，則可以區分為：認知主體（意識、心智）、認知功能、認知對象、認知過程以及認知的結果（知識、真理）。

哲學家關注知識論的課題雖然各不相同，但研究範圍都少不了要探討上述重點。綜觀西方知識論發展過程，哲學家們一開始關注「認識」的課題，先蘇格拉底時期的哲學家預設人能認知「真實」（Reality）。他們只問：「人如何認識真理（認知對象和內容）？」不問，「人能否認知真理？」換言之，他們比較不關注認知主體和認知能力的課題。之後，「辯士學派」（Sophist）開始懷疑人是否有認知真理的能力，也懷疑是否有客觀普遍的知識。這學派認為知識來自於個別感官知覺，因此，人的感官知覺就是認知能力本身；亦即，由人的認知能力來界定知識。例如：普羅達哥拉斯（Protagoras, 481～411 B.C.）說：「人是萬物的尺度」（Man is the Measure of All things.）。由此可見，辯士學派從探索認知對象發展至「檢視」與「反思」認知對象，然後關注到「人的認知能力」。後世對此知識論歷程提出質疑，認為，其實感官知覺只能替我們把握事物的現象，是否能知覺到事物本質則不得而知。這學派另外有些哲學家直接懷疑人的認知能力，並且，將這樣的懷疑直接推論為「否定人有認知能力」的主張。例如：葛吉雅（Gorgias, 483～375 B.C.）就宣稱：「沒有所謂實存界」、「就算有實存界，人也不能認識」、「即使人能認識實存界，也無法透過溝通來傳講給別人」。他的主張是一種極度的懷疑論，澈底的懷疑與否定。

知識論的發展就在辯士學派懷疑與否定的提問中逐漸發展。柏拉圖主張認識的關鍵在於直觀到事物的本質，真實知識是他稱之為「理型」（Form）的那些內容。「理型」存於理智能知但感官不能及的「理型世界」，獨立自存，超越乎現象界之外。亞里斯多德修正柏拉圖的主張，主

張知識由感官經驗經抽象作用而獲得，離開感官經驗便無法獲得知識。之後，中世紀聖多瑪斯集大成，嘗試建構更完整的「知識論」，而後各種知識論蓬勃發展。近代哲學是知識論發揚光大的時期，哲學史上稱為「知識論轉向」，一開始有笛卡兒從希臘與中世紀重視本體論轉向到重視知識論，而後有休謨等經驗論者對理性論者的知識論提出反省，最後由康德綜整近代知識論進行超驗轉向，開啟當代歐陸知識論的先聲。

三、三種眞理觀

　　哲學的要旨是「愛智慧」。知識論作為哲學的基礎理論，其要旨是「追求知識」，而「認識眞理」是追求知識的最終目的。眞理的承載者是命題，大部分的人認為一個命題非眞即假、非假即眞，不能又眞又假、半眞半假。「知識」蘊含「知道」與「相信」。若P相信A，但A不為眞，就無法說P「知道」A，也無法判斷P具有A的知識。由此可知，「知識」不僅朝向眞理，還必須蘊含眞理。所以，要滿足合乎眞理的知識，就必須滿足P相信A是基於「知道A」且蘊含「A是眞的」的條件。因為，「眞理」是知識的必要條件。命題的眞假並不取決於個人主觀的心靈狀態，它同時取決於世界的實況，因此我們又稱「眞理」為知識的客觀要件。所謂「眞理」是指對外在事物的精確描述，當信念忠實地描繪出事物原狀時為眞。信念的對象是這個世界，命題藉由信念內容建立起判斷眞僞的基礎，信念之所以有眞假，是因為他們把世界萬物描繪成某特定的樣子。如果，信念是透過腦子裡的觀念來描繪世界，那麼眞理觀會因這個描繪的判斷而有所不同。故而，判斷「眞」與「假」，以及判斷是否「精確描述」，這三者

間的判準並沒有統一。傳統知識論基本上有三種判準，由此也形成三種建構眞理的觀點，分別是：「眞理符應說」（the correspondence theory of truth）、「眞理一致說／融貫論」（the coherence theory of truth）、「眞理實效說」（the pragmatic theory of truth）。

（一）眞理符應說

　　當判斷眞假的準則建立在「信念描繪的內容與描繪的存在物之間的吻合」，抑或，「信念是否呈現出眞實事物的原貌」，抑或白話地說：「當某人陳述的內容是否符合事實」。這樣的判斷原則稱之爲「眞理的符應說」。符應是指信念（意義）與描繪對象（事實）之間的關係，如果彼此不吻合，或，描繪的對象不存在，符應關係便很難存在，我們也就無從判斷符應關係成不成立。舉例來說，要判斷「這是一枝白色粉筆」是否爲眞，最好的方法是直接去檢視說話者手上所拿的那枝粉筆的顏色，若是白色的，則爲眞；若不是白色的，則爲假。這個例子也指出，符應是意義與事實之間的關係，當事實的部分不存在的時候，符應的關係便很難存在，我們也就無從判斷符應關係成不成立。如果根本沒有「這枝粉筆」存在，便無法提供對應的意義來進行是否符應的判斷。不過，並不是所有的事情都可以用符應說來驗證是否爲眞。數學眞理及邏輯眞理是「必然眞理」（necessary truth），是那種不管什麼狀況都持續爲眞的命題，因此它們的眞與是否符應外在事實沒有關係，不能以「與事實符應」這個概念來理解它們的眞。

（二）眞理一致說／融貫論

　　許多人將前述「描繪的存在物、事物的原貌、事實」理解爲獨立存在物，由此推論「符應說」不適用於「觀念論」。因觀念論裡面所講的觀念，很難有獨立存在物。再者，如前所述，數學眞理及邏輯眞理也無法以「符應說」來判斷。對於這些狀況，便需要以另一種判斷眞假的準則：「眞理的一致說／融貫論」來加以判斷眞假。「眞理的一致說／融貫論」是將判斷眞假的準則應建立在「信念間彼此相合」的基礎上。所謂「相合、一致或融貫」，意指命題之間具有邏輯上一致的關係，是指邏輯論證上的不矛盾、融貫一致；或者，更確切的說，命題之間要能相互支持，具備「邏輯蘊含性」（logic entailment）。這個主張認爲，如果P與Q都爲眞，那麼它們在邏輯上必須相互蘊含。當我們說一組命題是融貫的，基本上是指這組命題在邏輯上是一致的（logically consistent）。邏輯上一致是指它們彼此之間不相互矛盾，這也就是說它們有可能全都眞。

　　例如：某人主張「陸軍官校橄欖球隊個個體能強健」。若要說明這信念爲眞，就必須藉用其他能彼此相合、具邏輯上一致性的命題來加以輔助。可以藉由另一命題：「陸軍官校向來嚴格要求體能訓練，學生個個體能強健」，輔助推論「陸軍官校橄欖球隊嚴格訓練體能」的眞確性。因爲，兩個命題彼此一致與相合，由此推論「陸軍官校橄欖球隊個個體能強健」爲眞。故而，「信念一致或融貫」是證明信念爲眞的條件之一，這點，主張「眞理符應說」者亦不反對。「眞理符應說」批判的重點在於，眞理不應僅是信念的一致而已，還必須與描繪的外在事物相符。

（三）眞理實效說

　　當判斷眞假的準則建立在「信念的實用性」或「當信念或命題是有用

的，便是眞的」，這類的主張稱爲「眞理的實效說」。換言之，只要信念或命題是有用的，便是眞的。有時候我們相信一些信念是眞的，是因爲這樣的信念或命題有助於幫助我們達成目標，取得想要的事物。「由信念的實效來決定是否爲眞」，這個命題蘊含兩項課題：第一，「信念的實用或實效」取決於事件發生之後的認定是否有效？還是取決於事件發生之前的相信？第二，「信念的實用或實效」由誰決定？是某些專家共同決定？還是個人主觀認定即可？關於這兩項課題，主張「眞理實效說」的學者並無定論。實用主義的創始人皮爾斯認爲命題的實用是由進行科學探索的人共同認定；詹姆斯（W. James, 1842～1910）則認爲只要個人覺得對其有用的即是眞理，科學命題之爲眞在於它能幫助個人來預測其經驗及協助其解決問題。

在「眞理符應說」與「眞理一致說／融貫論」的架構中，眞理的概念和「確定性」（certainty）有邏輯關係，但在實用主義的眞理中，這兩個概念卻沒有這種邏輯關係。由於信念很可能是個人性的，對個人有用與否常因人而異；對某人有利，因而對某人爲眞，但對另一人很可能毫無作用，由此對另一人爲僞。如此一來，就會形成某信念或某命題既眞又僞的現象，這樣的情形也會使得知識的認定完全陷於個人主觀認定，而沒有客觀的基礎。不過，基本上，這三種眞理觀，彼此之間並無排他性，都能作爲判斷眞假與精確描述世界的準則。重點不在於爭辯哪種眞理觀才是唯一眞正客觀的，而是要善用智慧在合適的時間裡選擇合適的眞理觀。

第二節　從古希臘到中世紀知識論的發展

一、古希臘知識論的代表人物：柏拉圖

　　柏拉圖認爲，感官所見充滿變化，缺乏恆定基礎，無法產生可靠知識。感官經驗到的僅是「表象」（form）不是眞實的知識，僅是「理型」的投射。眞正的知識應以恆存不變之物爲對象。來自「客觀、恆存不變之實存物」才是「知識」。建構「知識」必須「以理性取代感官認知，由理性保障物體的眞實」。柏拉圖「以認識界定知識」，他在《智者篇》（the Sophist）提到，認識的關鍵在於「直觀」（to intuit）到一事物之「共相」（universal form）；「型相」又名「觀念」（idea），它具有該事物之核心、普遍、「穩定不變」（abidingness）、「正確無誤」（infallibility）的意涵。換言之，認識活動所認識的乃事物本質，人藉由這樣的認識活動爲該事物下定義。「下定義」是一種觀念化作用，定義的內容即爲「觀念」，「觀念」組成的內容就是知識，因此「知識」就是「人對事物本質的領悟」。柏拉圖認爲，人之所以能直觀到「理型」，是因爲人的靈魂曾經在純粹的「理型世界」看過這些「理型」，所以可以在現實世界中經由接觸各種事物而回憶起他們共通的「共相」，他將這些「共相」稱「理型」。「理型」不存在於人所經驗的表象世界，而是存在於理智能知、感官不能及的「理型世界」，獨立自存、永恆不變、完美良善，超越乎現象界之外。故而，柏拉圖在《斐多篇》（the Phaedo）提到，知識的來源爲純粹的「理型世界」。在《理想國》（the Republic）中將認識活動畫分爲四等級：幻影、現象、數理、純理性。這四種認識活動對應四種知識：由幻影的認知活動得出影像或想像知識，由感官經驗的認知得出事

物現象的知識，前述這兩種知識屬於日常知識；由數理認知得出比現象更為抽象、普遍的數理知識，純理性的理智作用能認知一切事物的「觀念」或「理型」，數理和理型這兩種知識具有較高程度的客觀性和普遍性，屬於眞知識。「理型」是個別事物的典型或範本，知識是對「理型」的認知。因此，眞實之物無法從感官抽象出來，也無法從感官經驗的歸納與綜合得出，而是必須有一「理型」作爲「先天的依據」。

二、古希臘知識論的代表人物：亞里斯多德

　　亞里斯多德的知識論建構在修正與演繹柏拉圖知識論的基礎上。柏拉圖主張「知識源於理型界，由回憶感官經驗記起觀念而得到知識」。亞氏不認同這主張，他認爲觀念來自於感官經驗的內容，沒有感官經驗，就沒有辦法學習或理解任何東西。在認知過程方面，他更爲細膩地擴充柏氏的理論。他認爲，人藉圖像思考，圖像蘊含衆多指引與暗示，在對應的脈絡下提供線索，使人洞察。就像柏氏《理想國》（*the Republic*）（卷七）中的奴隸，就是靠圖像提供的線索引申出洞察。洞察是在線索的指引下，發現到圖像潛在的脈絡。一旦發現潛藏在圖像中的核心意涵，就能從圖像建構觀念，知識便是觀念中的那些內容。

　　關於感官知覺如何把握圖像，他在《論靈魂》（*the Anima*）提到：「當心靈主動意會事物時，必然連同圖像一起意會。圖像類似感官內容，所不同的只是它們不含物質。」從感官經驗到理解，除了有知覺與想像作用把握到圖像之外，還必須透過「悟性的提問」（question for intelligence，例如：這是什麼）促發探索與思考，經由抽象作用而誘發「理

解」活動，理解所得到的內容便是觀念。因此，「觀念」內存在於事物中，若沒有經驗到事物就無法得到觀念。故而，觀念並不像柏拉圖所主張的，先於事物而存在於「理型界」。柏拉圖說「知識是對事物本質的領悟」，亞里斯多德則主張「人藉感官經驗而得到知識」。由此，亞里斯多德的知識論著重於系統地論證：「人如何藉感官知覺外物而得到知識」。簡要地說，人藉由視、聽、嗅、嚐、觸五種外感官接觸外物，配合統合力與想像力兩種內感官的運作（即所謂的「知覺作用」），進而透過抽象作用產生「理解與判斷」，而後獲得知識。

柏氏與亞氏師徒二人在知識論上的差異，概括而論，柏氏認為觀念生前就有，亞氏則認為沒有與生俱來的觀念。柏氏認為觀念透過回憶記起，亞氏認為觀念蘊含在事物中，經由抽象作用而把握到觀念。柏氏認為觀念在理型界中以某種實體的方式存在，亞氏認為觀念只有形式存在，不能獨立於人的認知之外。

三、中世紀知識論的代表人物：聖多瑪斯‧阿奎納

聖多瑪斯‧阿奎納是中世哲學集大成者，他的知識論擷取柏拉圖及亞里斯多德學說的精華，說明人類用理性認識天地萬物的過程；並且也企圖折衷柏拉圖與亞里斯多德之間的歧異，他的折衷方式是從認同與修正亞氏的知識論入手。在知識來源方面，他贊成亞氏：沒有與生俱來的觀念，一切知識都源於後天經驗。他認為，心靈需透過感官運作才能產生知識。感性作用不單是心靈活動，而是靈魂與肉體組成的活動。雖然感官可認識個

別事物，但仍必須藉由理性，才能從個別事物推論出普遍的原理原則，亦即運用理性可獲得準確的判斷及正確的推論。

之後，阿奎納在前人知識論的基礎上連結信仰，藉由類比的方式，推論上帝的存在，將之視為宇宙的最高因，繼而推出宇宙與本體，由此闡明西方二元世界的統一性，以及上帝與世界的關聯。阿奎納主張，人類的認知能力可從認知現象界提升至形而上領域，形而上的觀念所建構的知識是真實的存在，上帝便是那真實存在的最後根源。世界存在觀念界與現象界，此二元世界是從屬關係：現象界提供思考素材，藉理性思維提升到觀念界；理性知識的建構與上帝創造天地萬物的信仰一致，因此憑藉理性能認知上帝並論證上帝的存有。

總括來說，阿奎納傳承亞氏，開宗明義地以「知識始於經驗」這一論點來奠定其知識論之「實在論」的立場。整個認知過程，簡言之，藉由內外感官接觸外在世界，孕育經驗。外感官以視、聽、嗅、嚐、觸五功能，擷取色、聲、香、味、觸五種內容，配合內感官的四種功能，即統合力、想像力、評估力與記憶力，由此對感性對象及其所擷取的五種內容加以綜合、分辨、想像、評估和記憶，藉此為理智提供圖像思考。之後，透過悟性問題的指引，理性在相關圖像上孕育洞察，掌握對象。藉由抽象作用，從個別的感性圖像中抽出普遍心象，而達致理解，而理解所得到的觀念就是知識。

第三節　近代知識論的演變

一、笛卡兒開啓知識論轉向

　　哲學在希臘時期歷經第一次思想發展的轉向，稱爲「形上學轉向」（metaphysical turn），意指研究萬物本質與根源的古希臘哲學，使哲學從希臘神話中分離出來，具有系統地以理性思考世界的嶄新意義。近代哲學是由第二次思想轉向開始發展，稱爲「知識論轉向」（epistemological turn），意指從古希臘探究萬物本質與根源的形上學主流，轉向探究認識方法與知識確定性的知識論。這個轉向由法國哲學家笛卡兒開創，他仿照數學和幾何，建立直觀—演繹的認識方法。研究近代哲學，不論是「理性論」（Rationalism）還是經驗論，都需要從笛卡兒開始。他使知識論成爲近代哲學的主流，無論討論知識的確定性、認識能力、心靈或世界的關係等，都可追溯到笛卡兒。笛卡兒對知識論的貢獻在於，他的「我思」使得「封閉的主體性」成爲共識，「知識」被理解爲觀念性的，「客觀知識」被假定爲觀念準確地反映外在實在界。自笛卡兒的「我思」論述之後，心物被二元分割，「人的認知如何連結心物二者間的鴻溝」成爲近代知識論的核心課題，爲此近代知識論發展出兩大主軸。一是以洛克、柏克萊（George Berkeley, 1685～1753）、休謨爲代表的經驗論，一是以斯賓諾莎、萊布尼茲爲代表的理性論。兩條路線發展至近代哲學的尾聲時，由康德與黑格爾等人試圖將兩條路線調和與整合，但嚴格說來，他們作爲德國觀念論成員，基本上還是理性論的立場。

二、理性論

（一）笛卡兒奠定理性論的基礎

笛卡兒認為，哲學的第一要務是掌握「知識確定性」，哲學須如同數學般真確，必須仿數學的方法論建構正確的認識方法。他提供四項原則作為正確認識的法則，並且主張正確的認識應以懷疑為出發點，感官經驗的知識是可以被懷疑的，所有人們覺得理所當然或習以為常的事物，都需要藉由懷疑進行檢視，唯一不能懷疑的是「懷疑」的這項活動本身。意思是，人無法懷疑正在「懷疑」的這件事。只有這樣，才能肯定「懷疑」這項活動的真確性。由此，他推出著名的哲學命題：「我思故我在」（I think therefore I am）。笛卡兒之所以強調以懷疑作為認識方法的起點，其目的除了要掌握知識的確定性，更希望哲學能夠像數學那般，建構不證自明的公理，以此為基礎，以此重新建構絕對客觀的哲學體系。

從「我思故我在」的命題所證成的「知識」為「我思的內容」，於是，認知到的知識都是「內在於意識的觀念」，而不是「外在於己的客觀事物」。判別真理的標準在於「清晰明瞭的觀念」，任何事物只要是清晰明瞭的觀念，就是「真」的。如何得到「清晰明瞭的觀念」呢？就必須依賴我們理性的、直觀的認知能力。笛卡兒的思想引發近代哲學的理性論潮流，強調意識的主動性，知識來自於意識主動把握先天觀念。之後的理性論哲學家們普遍接受這樣的論述，並且接受笛卡兒對知識確定性的要求，認同以邏輯與數學作為建構哲學真理的判準。理性論主張，凡有效知識都必須基於理性的運作，只有透過理性思考才能得到正確知識。

（二）萊布尼茲發展理性論

　　萊布尼茲的知識論關注「眞理」與「確定性」兩大主題。他主張眞理可分爲兩種，一種是必然眞理，具永恆而普遍的性質，這種眞理是依循「矛盾律」（law of contradiction）推理得知某些語句爲眞而得到，因此又稱爲「推理眞理」（truths of reasoning）；一種是偶然眞理，是藉由個別經驗依據「充足理由律」（law of sufficient reason）歸納而得到，又稱爲「事實眞理」（truths of fact）。這兩種眞理的內涵提供了知識確定性的判準。推理眞理訴諸邏輯法則（最主要的是矛盾律和排中律）來論證知識的確定性，事實眞理則透過充足理由律來確認知識的確定性。

　　所謂「矛盾律」是指「一個語句和它的反面不能同時爲眞」。在同一思維過程或同一論證中，對同一對象不能同時作出兩相矛盾的判斷，即不能既肯定它，又否定它。任何人不應同時斷定一個命題（A）及其反面命題（非A）的肯定或否定，以免自相矛盾。也就是說，肯定與否定不能同時成立，即不能同時是眞，也不能同時是假。矛盾律可以用一個公式表示：A不是非A。例如：「小華是好人」（A語句）和「小華不是好人」（非A語句）這兩語句無法同時爲眞：「小華不能既是好人又不是好人」。任何事物無法同時兼具自相矛盾之兩種性質的理。在形式邏輯裡面，常常與「矛盾律」伴隨討論的基本定律是「排中律」（law of excluded middle），意指在一個論證過程中，兩個互相矛盾的判斷，其中一定有一個是眞的。也就是說，或是A，或是非A，二者必居其一，不存在中間的可能性。所謂排中律就是排除中間可能性的律則。排中律的公式是：或是A，或是非A。

　　透過「充足理由律」幫助我們可以相信，除非有充分理由指出，某事或某語句爲什麼是如此而不是其他，否則沒有事實能夠是眞實的或存在的。遵守充足理由律的思想一定是有根據的，依據充足理由律得出的事實

或語句，不會得出假的結論。如果不具有充足的理由，或者沒有確定的理由，將會導致演繹推理的結論不牢固。因為，如果沒有充足理由律，結論就可以導致兩種自相矛盾的東西，當然，利用充足理由律，很容易排除其中的一項。

（三）小結

　　簡言之，理性論者認為，獲得知識的關鍵不在於經驗判斷，確認是否為知識的判準也不是取決於經驗，而是透過理性思考與邏輯推論。無論是知識的內容或邏輯推論的過程，都是先於經驗而存在，因此，理性論者認為，知識具有先驗的（a priori）性質。例如：加法「3 + 2 = 5」。這是一種「先驗命題」。判斷「3 + 2 = 5」是否為真，無需向外在世界尋找符應的證據，也無需為結論或命題尋找外在世界之充足事實作為佐證。矛盾律或排中律，例如：「沒有事實能夠同時存在又不存在」這樣的邏輯律則，也都不是根基於外在經驗的事實。理性論所採取的邏輯推論形式主要為演繹推理，理性論者的理性思考是以非常精確的步驟推衍論證，只接受前提嚴格推論出來的結論。理性論者基本上假設，理性思考所得出的那些觀念是唯一的，意思是說，只要是推論過程正確，符合理性的演繹結果，就應該有確定的標準答案，就像數學知識那樣精確。

　　不過，理性論並不是全然否定經驗事實對知識的重要性，也不認為人可以完全不仰賴經驗就可以從事理性思考。理性論者也不認為人可以不接觸外在世界、僅憑推論就可以獲得外在世界的事實真理。舉例來說，如果沒有經由實際測量的經驗驗證，就沒有人能得知黃埔湖的面積。想要知道現在是幾點，可以看手錶或時鐘，但想要探究「時間」的本質性定義，就不一定要憑藉經驗驗證。換言之，理性論認為，知識的獲得以及人的認

知能力可以有部分知識來自純粹理性思辨，不需經由感官經驗的驗證。甚
至，可以超越感官經驗獲得更多確定性的知識。

二、經驗主義

　　經驗論的提出是從反對笛卡兒「理性作爲知識來源與確定性判準」的
主張開始。經驗論者強調經驗之於知識的重要性，認爲知識來自後天的感
官經驗，若不經由感官就無法認知，也無法獲得確定性知識。經驗論以洛
克、柏克萊、休謨等人爲代表。

（一）洛克建立經驗論

　　洛克是經驗論始祖，他認爲知識（邏輯和數學或許除外）都是由經
驗來的。他在《人類悟性論》（*An Essay Concerning Human Understanding*）第一卷，首先做的就是反對柏拉圖、中世紀經院哲學家以及笛卡
兒。他反對有所謂的天生觀念或天賦原則的存在，反對知識具有先驗性質
的這種主張。在《人類悟性論》第二卷中，他闡述經驗如何產生不同種類
的觀念，首先提問：「……設想心靈比如白板（tabulb rasa），沒有一切
文字、不帶任何觀念；它何以裝備上了這些東西呢？……它從哪裡獲有
全部的推理材料和知識？」對此，他的回答是：「一切知識由經驗而來，
來自感覺及反省所得的經驗。」（第二卷，第一章，第二節）。他認爲，
人類觀念出於兩個來源：「感覺作用」和「對自己心靈活動的知覺（內
感）」。感知作用是走向認識的第一階段，任何知識不能先於經驗。就產

生知識的歷程而言，感官經驗獲得單純觀念（simple ideas），之後，歸納
各種單純觀念並推演出複合觀念（complex ideas），然後，由複合觀念推
論出知識。洛克檢討人類認識能力的限度，他認為檢視知識的判準需先考
察人的認知能力，判斷哪些事物可以認識，哪些事物無法被認識。

（二）柏克萊發展經驗論

　　柏克萊認為，人能知覺到的，只有顏色、疼痛、心情等，無法透過感
官知覺到「精神」。因此，除了「精神」以外的一切事物，它們的存在都
是藉由被感知，才能知道它們的存在。無論是大自然或人造建築的存在，
都是藉由人的感知而被認識它的存在。人若沒有感知到對象，那麼說任何
事物存在便沒有意義。在柏克萊看來，所有感知到的對象都存於心靈，心
靈之外沒有東西存在。因此，眾人將他的主張稱為「存在就是被感知」。
柏克萊在《人類知識原理》（*A Treatise Concerning the Principles of Human*）提到感官知覺在認知與知識判準中的重要性。他指出，當某人主張
一物存在或一物可被認識，這無非是在說那個物可被感知到。存在的意義
在於此，知識來源與知識的確定性也在於此（感知）。柏克萊在著作中指
出，如果人們能夠設想一種即使不被感知仍然會存在的東西，他就承認自
己的理論存在缺憾。其實柏克萊想指出即使人們能設想不被感知仍然會存
在的東西，人們實際上仍然是在感知那個東西。因此，感官知覺才是認知
的關鍵，才是知識的來源與知識確定性的判準。

（三）休謨：從經驗論到懷疑論

　　休謨認同洛克的主張，認為，「認識」起源於感官經驗。但他不同

意洛克把經驗到的內容統稱為「觀念」，他認為通過感覺經驗獲得的知覺可以細分為「印象」和「觀念」。印象和觀念兩者之間的分別，在於當它們進入我們心靈時，它們的強烈程度有所不同。進入心靈中最為強烈的知覺是印象，印象是所有初次出現在靈魂中的感覺、情感和情緒。至於觀念則是指我們的感覺、情感和情緒在思維推理中的微弱意象，是思考和推理中的印象的模糊心像。一切單純觀念都有一個單純印象，一切單純印象都有一個相應的觀念。所有單純觀念在首次出現時全是由單純印象來的。不過，複合觀念未必和印象相似。例如，我們沒見過長翅的馬卻能想像長翅的馬，這個複合觀念的構成要素全是由印象來的。在種種觀念當中，保持原印象的生動性的觀念屬於記憶，其他觀念屬於想像。

休謨的懷疑論是最澈底的懷疑論，完全以否定歸納原理為根據。他以經驗論為基礎，懷疑因果原理與歸納法的有效性。他指出，事實上人只能經驗到一個事件在先，另一個事件在後，這類經驗重複多次之後，便習慣地認為類似的兩個事件必然常常連結在一起，二者存有因果關係。其實所謂因果關係根本無法經驗，因為人的感知裡根本沒有因果關係這種印象，所以因果原理是無效的。據此而論，凡是以因果原理為基礎而作的推論，都是無效的。同樣，歸納推論也是根據少數經驗事實而推得普遍結論，根本沒有邏輯基礎，所以也是無效的。既然因果原理及歸納推論皆無效，所以凡是以因果原理及歸納推論為基礎而建立的科學知識皆屬無效。人們認為有效，其實只是作用於想像力的習慣使然。

（四）小結

簡言之，經驗論者強調知識來自感官知覺，除非透過感官知覺，人無法認知事物，也無法判斷事物的確定性。不同於理性論憑藉演繹推論作為

理性思考的工具，經驗論運用較多的理性思考形式是歸納推論。經驗論者認為，演繹推論永遠無法證明每件事情的成因，理性論者無法透過演繹推論來論證事實真理，事實真理必須從經驗中學習。這些事實真理的知識憑藉的是歸納推論。然而，經驗論者如果完全否定演繹推論的理性思考在知識中的重要性，那麼又該如何說明，世界上的確存在許多無法由經驗的歸納推論來加以解釋、也無需由經驗來加以獲得的推理真理。例如：矛盾律或排中律這樣的知識，就無法從經驗中獲得，也不是由經驗的歸納推論來加以解釋。此外，經驗論者既然主張所有知識都來自經驗，否定理性的演繹推論在知識來源中的重要性，那麼經驗論者就必須解釋自己為什麼也使用這些理性思考的工具。

綜觀經驗論和理性論二者，他們都同樣把知識限定在一個特定範圍內，藉此換取確定性並避免犯錯，而且這種知識跟外在世界之間沒有任何形式的符應，因為理性論把知識限定在字詞與觀念的關係內，而經驗論把知識限定在個人內在感官的呈現。由於兩者皆不宣稱其知識與外在世界間有任何符應，他們的知識就無從錯起。然而，這種滿足確定性卻無法滿足符應外在世界的知識，能夠滿足人們對知識實用性的需求嗎？這樣看來，「確定性」與「符應外在世界」，似乎成為「知識」之魚與熊掌無法兼得的困境。

四、康德的知識論：調和理性主義與經驗主義的對立

近代笛卡兒的「我思」，開啓近代知識論以主體的認知作爲思考起點的研究途徑，掀起理性論的序幕。之後有針對這種內省式「我思」的認識方法提出批判和修正的經驗論興起，強調感官經驗在知識起源和知識確定性上的重要性。不過，經驗論終究是無法抵擋理性優位的主張，這種理性觀念論的論述到了德國哲學家康德算是最高峰的時期。不過直至十八世紀啓蒙運動的尾聲，康德最終還是將理性論與經驗論的爭議平息了下來。雖然康德最初的立意是要綜整理性論與經驗論，但是，由於他認爲科學知識的眞理性即普遍必然性不能源於經驗，只能先於經驗，於是爲了說明人如何認識先驗的認識內容，康德仿照哥白尼提出太陽中心假說的方法，將知識和認識內容的關係顛倒過來；他認爲不是知識符合認識內容，而是認識內容必須符合知識，即符合主體的先驗認識形式，因而一方面外界事物提供給我們認識所必須的感性材料，另一方面則由主體賦予它們普遍必然的形式。這種將知識論的研究模式從對認知對象轉向認知主體的重大改變所帶來的關鍵影響，如同天文學上的哥白尼，把人類長久以來認爲宇宙以地球爲中心的「地心說」，轉變爲以太陽爲中心的「日心說」的宇宙觀，因此稱爲「哥白尼式的哲學革命」，意味這種轉向是一種根本的重大轉向。轉向的意義在於，他將傳統知識論裡面，以外在認知客體、客體結構、範疇等作爲知識論主要課題的這個研究主軸，轉爲，直接注意認知主體的認知能力，間接關注認知對象的研究模式。

康德調和理性論與經驗論從批判二者開始，他批評理性論者對理性的運用脫離了感性（sensation）的範圍，產生了自圓其說的形而上學和世界觀，最後發展獨斷論。經驗論者把「經驗」理解爲缺乏系統與整體觀的

片段和雜多，否定規律的存在，最後變成澈底的懷疑論，完全否定了知識的可靠性。康德看見二者各執一詞所帶來的惡果，試圖將二者的主張調和：理性的運用必然是限制在感性的範圍之內；而經驗不像經驗論者所言的片段無序而是有確定的形式。他同意所有的知識從經驗開始，但並非都源自經驗本身，而是源自經驗對象的確定形式：「實體與屬性」。感官知覺作用經驗到認知對象時，其實就是在經驗這些確定形式，康德認為，這些確定的經驗形式，就是我們的「先驗概念」（transcendental concepts）或「範疇」（categories），它們先於經驗而存在。所謂「先驗」，乃是意指認識過程的「先決條件」或「使經驗知識成為可能的先決條件」。這是認知對象之所以被認知的根基。這些「先驗形式」並不存在於認知客體裡面，而是存在於認知主體裡面，是認知主體內在認知結構與功能的一部分。舉例來說，在康德的知識論裡，時間和空間先於一切經驗，知識的產生需要時間、空間和理性三要件。康德反對休謨將因果關係理解為心理習慣。休謨棄絕因果論，認為因果律不是經驗到的律則，而是透過心理習慣去連結兩件經常同時出現的事物。康德贊成因果律不是來自於經驗的主張，但是不認同「因果律不存在」這樣的結論，而是認為因果律來自於理性的認知，是先驗的知識。簡言之，康德認為知識的構成有兩條件：先驗的理性觀念形式、後驗的感官經驗材料。知識是「感性」（sensibility）與「悟性」（understanding）的共同產物。康德曾說：「沒有內涵的思想是空的，沒有概念的直覺是盲的。」他把由感官和概念運作而建立的經驗和知識稱為「表象」（appearance），而超越感官和概念範圍的對象則是「物自身」（thing-in-themselves）。人類只能對表象產生知識，但對物自身並無知識可言，它是人類知識的界限所在。理性論和經驗論之爭，在「表象」和「物自身」的區分上，暫時畫上句號。

第四節　當代知識論

一、德國觀念論（唯心論）

（一）從康德到黑格爾

　　康德的哥白尼式革命確立其認識論的基本原則，不但終結了近代哲學，也爲整個歐洲哲學的發展開啓嶄新視野，至此之後，歐洲哲學的發展大抵都與康德有關。康德爲消弭經驗論與理性論的爭論而建立先驗觀念論的思想體系，稱爲「德國觀念論」（German Idealism）。德國觀念論的發展繼康德之後有費希特，主張以正、反、合的辯證法建構了「主觀觀念論」（Subjective Idealism）的哲學體系。謝林進一步以「絕對者」（The Absolute）揚棄主觀與客觀、自我與「非我」（non-ego）的對立，完成「客觀觀念論」（Objective Idealism）的「同一哲學」（Philosophy of Identity）。但謝林的哲學體系，仍舊無法完全克服二元論的問題，仍舊存在著絕對者與現實世界的對立。黑格爾的絕對觀念論吸收費希特正、反、合的「辯證法」（dialectical method）以及謝林絕對者的觀念而產生。黑格爾主張思想與實在的同一，將一般認爲獨立存在的事物看作構成概念的環節，而概念是事物本質或生命原，爲思想所獨有。世界是「絕對精神」（Absolute Spirit）之無限自我開展的辯證過程，一方面消解絕對者與現實世界的二元對立，另一方面則試圖化除唯心論與唯物論的爭論。故而，黑格爾爲十九世紀德國觀念論之集大成。

　　黑格爾主張，一切知識都是以客觀與主觀的一致爲基礎。當知識發生變化，對象本身也會發生變化，因爲現有的知識在根本上是一種與對象相關聯的知識。但由於主體和客體畢竟是兩個不同的東西，主體所認識的

並不是客體本身，只能算是客體對主體的影響。在他看來，一切認識都在本質上都是自我認識，認識者和認識對象根本上是同一物。因此，真理便是自己（認識者）和自己（認識對象）一致；所謂錯誤，便是自己（認識者）和自己（認識對象）不一致。通過一致與不一致不斷循環交互發展，真理可以由認識者的思想完全掌握。由此可知，黑格爾將康德的知識論變成一種形上學，不論是客觀的或主觀的，實質的或形式的，在黑格爾眼裡都成為一種觀念，心靈的觀念成為唯一的實存物。透過辯證，最終的至高真理便是絕對者的自我認識，這是一種絕對精神，是一種純粹理性。

（二）黑格爾唯心論的發展

　　黑格爾從「唯心」的觀點主張精神（或理性）是宇宙唯一的實體，萬物是先有精神然後才有其他的物質現象，換言之，一切物質現象只是人類觀念的產物；故而，萬物是先有思維然後才有其他存在的物質。所謂「觀念」是一種最高而且永久不變的東西，宇宙間一切事物都常常在「觀念」那裡產生變化。也因此，人的觀念不僅是優於物質，而且具有支配整個宇宙的力量。舉例來說，我們看見一件名為樹木的東西，這棵樹木作為存在物，遲早要死滅的，但是樹木的「觀念」卻永遠存留著。這樣看來，樹木，乃至一切的事物都不過是人類觀念的物質表現罷了。由此延伸，宇宙間一切的事物和現象，都是按照它們一定的觀念模型表現出來，這些模型在德國觀念論那裡，就是指永久的、絕對的觀念，以理型的樣式存在。

　　黑格爾用唯心論的觀點解釋歷史觀方面，形成了唯心史觀，或稱理性史觀、精神史觀，以解釋歷史的實體構成；又將這種觀點用於方法論方面，形成了唯心辯證法，以闡釋歷史進化的理則歷程。依據黑格爾的唯心史觀，人類社會乃是受精神（觀念、感情意志、欲望、個性、才能等）

所支配，精神推動人們的活動，人們的活動推動人類的歷史。由此看來，「精神」是世界偉大事變之推動者，是歷史與社會進化的原動力。於是，精神世界成了實體世界，物質世界隸屬於精神世界，整個人類歷史就成為一部部人類的精神活動史。

　　此外，黑格爾又以辯證法則來說明精神世界向前發展的方式：一個民族或社會，當其歷史階段發達到全盛時期，可說為「正」；然在此階段的進展中，孕育著與其對抗之勢力，逐漸長成，可視為「反」；正反相衝突的結果，消滅於一個新的全體中，遂使正反兩階段，無一可以保持原狀，但也沒有一個完全毀滅，經消化融會而生出一個新生的時代，這就是「合」，亦即為精神世界的表現。歷史即循此「正」、「反」、「合」的辯證法與途徑，繼續不斷的朝向「絕對精神」（理想境地）去發展。黑格爾認為，世界歷史不外是一種覺識自由的過程，是一種不斷朝向覺識自由的進步。由此可知，黑格爾將「自由」視為歷史之最後目標，而國家正是這「自由」目標的具體實現。由此不難看出，故黑格爾的唯心史觀，乃趨向於國家主義。

二、馬克思的唯物論

（一）辯證唯物論

　　馬克思的核心理念包括：唯物史觀、唯物辯證法、勞動價值、剩餘價值、資本積累、階級鬥爭、無產階級專政、共產主義；這樣的核心理念所組成的一套哲學思想理論體系，被稱為馬克斯主義。馬克思主義最根本的

哲學依據是唯物史觀，「史觀」是對歷史哲學的簡稱。歷史哲學論者對於人類歷史實體構成、歷史演變與進化的原理和法則存在著不同的解釋和見解，如英雄史觀、唯心史觀、唯物史觀等。馬克斯的唯物史觀是依循黑格爾的哲學理論改造而來，但卻有很大的轉變。他將自己的思想稱為「辯證唯物論」，主張萬物均由物質組成，物質皆含有正反兩因素，正反相互矛盾，透過辯證發展而導致統一，達至「合」的階段。此「合」的階段同時亦具有另一「正」的意涵，開啟另一階段之「正、反、合」發展的歷程。物質透過正反合的辯證過程自動發展；先有無生命物質，進而發展成生命、知覺和意識。物質發展至極致時會發生突變，突變後繼續發展質變，馬克思稱之為「辯證的躍進」（Dialectic Leap）。馬克思認為，追求知識的過程並不像哲學家們所宣稱的那樣：客體恆常不變，知識是由主體認識客體所形成。他認為，知識是主體和客體、認識者和認識物透過正反合的辯證過程不斷發展累進的。他否定經驗論所理解的那種感覺作用，在他看來，認識過程是主體和客體的交互作用。客體離開知覺者的活動，只是客體而已；客體唯有在認識過程中透過知覺者的知覺作用才能產生質變，由此形成知識。人的思維是否能夠形成知識，是否能夠作為客觀的真理，這是一個實踐的課題，而不是一種抽象的理論課題。在他看來，社會知識亦是透過辯證唯物過程形成；社會生活充斥著辯證唯物的發展模式，是一種歷史歷程，歷史的本質在於經濟之發展過程，文化發展亦是一連串經濟發展過程的後果與連帶現象，完全隸屬於經濟事件，他稱為「歷史唯物論」（Historical Materialism）。

（二）馬克思歷史唯物論的發展

依據前述，馬克思的「歷史唯物論」又稱為「唯物史觀」，與「唯

心史觀」相對，乃從物質基礎的觀點，來解釋人類社會進化與歷史發展規律，是馬克思擷取黑格爾的唯心史觀與辯證法創設而成的。

　　馬克斯所講的「物質」純粹意指「經濟」，他認為一切人類的活動都是以經濟（物質）為重心；在社會歷史上只有經濟才是支配一切現象的決定因素，亦即所有社會以及政治現象乃是由經濟環境所決定。沒有經濟活動（物質條件），人類根本不可能生存發展，故唯物史觀又被稱為「經濟決定論」（economic determinism）。事實上，經濟決定論是今日世界流通地相當普遍的觀念，大部分人都相信經濟在決定政治行為時，扮演著重要的角色。

　　馬克思以建築物為比喻，將社會的結構區分為兩個構造：「地基」（foundation，又譯「下層建築」）以及「上層建築」（superstructure）。社會結構的「地基」是經濟（物質），由「生產力」（forces of production）與「生產關係」（social relationships of production）兩個要素所組成。「生產力」是指生產商品所使用的工具（如資金、土地、能源、機器），以及運用這種力量、製造商品所必須的知識與生產技術（如工廠管理、勞動技能）。「生產關係」是指因生產活動而發生的人與人之間的關係，也就是「階級關係」。人類從其社會處境逐漸形成兩種階級：掌控生產工具的統治階級，以及缺乏生產工具的下層階級（the underclass），連結那些生產工具掌控者（所有權人）與那些手中沒有生產工具者的關係制度，稱之為生產關係。想要成為經濟活動的宰制者，規則制定者就必須掌控生產工具：在農業的社會中，最多土地的擁有者將支配社會；在工業的社會中，資本家階級宰制了整個社會。

　　生產力與生產關係（經濟）是社會實在的基礎，並且由它而衍生「上層結構」——政治、法制和軍事及「意識形態」（ideology，包括文藝、宗教、道德、風俗習慣、哲學、科學），通常稱之為社會現象，被建立在社會「地基」之上。這也就是說，生產力是社會變革與歷史發展的動

力，有什麼樣的生產力，便有什麼樣的生產關係；有什麼樣的生產關係，便有什麼樣的社會制度和意識形態。照馬克斯的理論來看，社會現象應與經濟基礎相適應，要受經濟因素的影響，如果生產關係的總和發生了變化，那麼，建築在「地基」之上的政治、法制和軍事（上層建築）等固然是要隨著變化，與此基礎相適應的「意識形態」必因之而變動。這就是把經濟看作政治和文化的基礎。換句話說，就是判定經濟（物質）是社會的基礎，社會的變革是由經濟所決定，亦即是馬克思所謂「經濟基礎決定上層建築」的主要理論。

於此需注意的是，物質的生產力，又以勞動工具最具有社會變革的決定力。勞動工具是社會進化程度的測量器。勞動工具一經改良，生產力必然要擴大起來，緊接著全部的社會生活也要跟著起變化。石器時代只能容許漁、獵、游牧的生活，鐵器一旦發明，原始的共產（母權）社會隨即崩潰，進入封建社會。蒸汽機被發明後，產業界發生空前的大革命，以至引起全部社會關係的改變，這就是勞動工具改變引起全部社會變動的絕佳例證。誠如馬克思的詮釋：「手工磨製產生封建社會，蒸汽磨製產生資本主義社會。」當生產力發展到一定的階段，便與原有的生產關係不能適應，成為新社會的桎梏，生產力與生產關係相互衝突，一場社會革命的時代便要到來。這樣的變革不問人們是否願意都是已然會發生的。

馬克思對經濟因素的重視，構成了馬克思唯物辯證論中的核心成分。馬克斯同意歷史是循黑格爾「正」、「反」、「合」的辯證法則向前開展，但他反對唯心論哲學，而採取唯物論的觀點來解釋人類歷史的發展歷程。唯物辯證法是講矛盾對立的，拿到社會實際應用就講階級的矛盾與鬥爭。於是，馬克思把歷史演進階段分為原始共產社會、奴隸社會、封建社會、資本主義社會及新共產主義社會。在歷史演進的各階段，每一經濟組織都包含有一個階級的對立：一為特權階級，另一為無特權的被剝削階級。特權階級要求現狀之維持為「正」，被壓迫階級要求新秩序之建立為

「反」，此兩階級對抗之結果，為社會革命，乃產生一個新經濟組織來對抗之兩勢力消滅，於是階級鬥爭暫時止息為合，這就是他們所謂的「對立的統一」。循此正、反、合辯證發展途徑，人類最終將達到沒有階級、沒有鬥爭的理想社會──共產主義的社會。

對馬克思而言，辯證法中最重要的質素，是「鬥爭」的存在與必然性的成分。在每一發展階段中，都是新舊之間的鬥爭──而新的事物必然勝利。封建主義勝過奴隸制，資本主義又勝過封建主義；而在無情的歷史進程中，共產主義必將取代資本主義：當資本主義社會的生產力發展到資本主義社會的生產關係所不能容納的時候，即與原有的生產關係相衝突，結果繼之而起的，必然是共產主義的社會，這就是馬克思所謂「歷史發展的必然性」（historical inevitability）。

三、批判理論

批判理論是德國法蘭克福學派（Frankfurt School）發展出來的理論體系，此一體系繼承康德和黑格爾所提的批判傳統，以康德的「實踐理性」與黑格爾的辯證法作為批判方法，從理論上與方法上反對「實證主義」（positivism），並且主張將馬克斯主義黑格爾化，對資本主義的社會現狀及其意識型態持否定、批判的態度。批判理論的核心在於，相信理性對人本的肯定，並尋求建立更進步的人本實踐。批判之所以被重視，是因為在社會制度或傳統中，理性往往被認為是傳統用來合理化自己的基礎和保護。由此看來，理性有時也會自我欺騙，成為用來自圓其說的工具。因此，批判理論主張要用批判的方式，讓理性無法直線發展，只能在辯證的

過程中實現。

　　批判理論的形成與其時代環境背景有關，當時正值第一次世界大戰後，經濟蕭條，人們對理性的力量感到懷疑，逐漸批判聲浪四起。而後，納粹主義的興起與蘇聯大革命的成功，更助長馬克思主義批判觀點的發展，於是有霍克海默（Max Horkheimer, 1895～1973）、阿多諾（Theodor W. Adorno, 1903～1969）、馬庫色（Herbert Marcuse, 1898～1979）、哈伯馬斯等人對過去傳統理論進行反省與批判。他們所建構的不是單一的理論，而是各自對文化傳統進行批判而逐漸建構出自己的批判理論。但是他們的核心精神皆在於：重揚啟蒙精神，試圖破除各種意識形態，使個人得到解放。他們批判理性卻不否定理性，強調理論與實踐是息息相關的，進行批判的主體是聯繫理論與實踐二者的媒介。

四、分析哲學

　　分析哲學創立於二十世紀初，以近代哲學之經驗論為思想特色，追求哲學語言統一性。分析哲學關心邏輯與事實的符應關係，認為知識的關鍵在於找出合適的語言；故而，分析哲學家使用概念與語言分析作為利器，擅長借助現代形式邏輯的技術來處理日常語言，希望能藉此消除日常語言的歧義。分析哲學也被稱為英美哲學，與之相對的是歐陸哲學。雖然有些哲學家不贊成這樣的區分，但一般認為二者的確有明顯不同，分析哲學親近自然科學，歐陸哲學更具人文關懷。

五、現象學與詮釋學

　　延續近代哲學重視「理性主體」的特色，追求以「人性」爲核心的世界。現象學與詮釋學屬於歐陸哲學的「意義理論」（Theory of Meaning）。現象學作爲知識論方法學，它的建立一方面是希望使哲學能滿足科學性的要求，一方面希望能使哲學重新作爲人文科學的基礎。創立者胡塞爾（Edmund Husserl, 1859～1938）認爲知識不僅應具備嚴格方法的要求，更要有正確的認識態度。爲此，在方法上胡塞爾提出一特別步驟：嚴格控制成見，不讓任何未經過嚴格思考的思想成爲解決問題的阻力。詮釋學的特點，在於重視主觀意識與語言之意義世界所形成的互動關聯，並藉此揭開「人文世界」或「被創造出來的現實世界」之具體形象。從胡塞爾發展嚴格的現象學方法到伽達默（Hans-Georg Gadamer, 1900～2002）所發展的詮釋學等，形成一種以「人性存有」爲核心的意義理論思潮。

延伸閱讀 ....

何志青，《知識論的轉折》，臺北：臺灣大學出版中心，2018。

沈清松，《哲學概論》，臺北：五南，2002。

理查‧富莫頓（Richard Fumerton），《知識論》（*Epistemology*），傅皓政
　　譯，臺北：五南，2009。

鄔昆如，《哲學概論》，臺北：五南，2004。

關永中，《知識論》，臺北：五南，2008。

研究與討論 ....

1. 請簡述「知識的三種性質」，並說明三者的關聯性。

2. 請簡述「三種真理觀」，並談談你（妳）對這三種真理觀的看法。

3. 綜觀古希臘到中世紀知識論的發展，知識論探討的核心課題是什麼？有什麼變
　　化？

4. 課本上提到「笛卡兒開始知識論轉向」，請談談這部分的重點在說什麼？

5. 請簡述「理性論」，並說明你（妳）對「獲得知識的關鍵在於理性」的看法。

6. 請簡述「經驗論」，並說明你（妳）對「知識源於感官經驗」的看法。

7. 請簡述「德國觀念論」。

8. 請簡述「馬克思的辯證唯物論」。

第五章　倫理學

第一節　倫理學與倫理思辨

一、倫理學概論

（一）倫理學是什麼？

　　西方倫理學（ethics）此字源自希臘文的 *ethos*，其拉丁語同義詞是 *philosophia moralis*，*moralis* 源自拉丁文的 *mores*，原為風俗習慣之義，待習俗成為規範，也就成為人們思言行為的基準。風俗習慣，包括社會規範、典章、制度。西方倫理學的源起可追溯至古希臘文學，無論是在希臘神話、荷馬史詩或伊索寓言等皆可發現倫理學相關的記載。「倫理」的字義，就中文來說，「倫」意指「有輩、有類」，泛指人際之間的各種關係，例如：五倫指君臣、父子、夫婦、兄弟、朋友。「理」意指「道理」，泛指理論或判斷的合理依據。故「倫理」意指人倫關係之間所應依循之理，用哲學方法處理倫理道德的學問就是倫理學，又稱為道德哲學。

　　倫理學作為哲學學門的研究領域，是將人類道德生活的內容作為哲學思考的對象，由此建構具系統性、架構性與客觀性的理論知識。倫理學思考的問題包括：「應該如何對待自己和他人」、「如何釐清是與非、對與錯、善與惡」、「如何賞善罰惡」、「如何訂定道德規則與建立普遍性的倫理原理」、「如何引領思考道德難題」等。這些議題大略可以分為三個層次，第一是規範性質的層次，探討是與非，應該與不應該等；第二是評價性質的層次，探討好與壞、善與惡、品德等；第三是行動指引的層次，探討目的、動機、如何行動、如何賞善罰惡等。「倫理學」即是就前述所建立的是非善惡和行為規範，進行系統的、深入完整的反省、推論與論證，而形成一套套理論。由此可知，倫理學不僅探討善惡、教人如何合理

的判斷「應該」與「不應該」，並引導人們行善避惡。

　　「倫理學」的存在，始終是為了因應各種人類生活中的具體情境，積極對人類的行為發揮指引功能，藉由探討人類行為的道德及其價值來追求幸福。

（二）倫理與道德的區分

　　倫理學最基本的課題是將與「倫理」相關的兩組常見基本語詞：「對的」（right）或「錯的」（wrong），以及「好的」（good）或「壞的」（bad or evil）界定清楚。怎樣才能清楚界定「對與錯」、「好與壞」呢？簡言之，「對與錯」通常用來描述行為；「好與壞」通常用來描述人的動機、品格或事件的狀態。這樣的界定有助於釐清「倫理」與「道德」的差別，簡要地說，狹義的道德涉及行為的對錯，倫理則包含對錯、好壞的評價。因為道德偏重於指涉個別的人際合作關係中的適當對待方式，只要兩個人以上產生互動，就會產生道德問題。倫理則是針對「社會角色」適當存在方式進行評價。舉例來說：各種專業倫理就是探討「社會角色」的適當存在方式，專業倫理中的「倫理」即是針對「特定專業的社會角色」進行規範。倫理探究人情、風俗、習慣、教條、規範……，道德探究自我反省、自由意志、主觀客觀對立關係、自我抉擇……。「倫理」與「道德」在社會中，通常以風俗習慣的面貌出現，為社會規範提供合理化的依據，也發揮教育是非善惡的功能。

　　傳統倫理學對於是否要清楚區分「倫理」與「道德」二者，簡要地可以分為兩大主張。第一類學者主張二者決然不同，「倫理」泛指社會關係中各類「社會角色」的好壞評價，「道德」意指個人個別行為的對錯，屬於私德部分。能分辨、釐清二者，才能使倫理學的研究更為嚴謹。第二類

學者主張，倫理學的研究無需嚴謹區分二者，他們認爲無論是「倫理的」或「道德的」，皆泛指「正當的或善的」。至於在日常語言中對二者的使用更是普遍被混用，例如：職業倫理與職業道德，二者意指同一件事情。軍人倫理與軍人武德也常常意指同一件事情。

（三）倫理學、知識論和形上學三者的關聯

　　倫理學、知識論和形上學三者的關聯性，可嘗試以「軍人」這個主題爲例進行簡要的說明：形上學探究「軍人」普遍性定義；知識論探究「如何認識才能確保吾人對軍人的認識爲眞？」或者，「如何確保我們所得到的那些關於軍人的知識爲眞？」至於倫理學，則是探究「如何能成爲好軍人或眞正的軍人」。由此可知形上學探討最爲普遍、抽象的事物；知識論探討如何認知、如何合理、正確、客觀的認知、如何形成普遍、客觀與正確的知識等。倫理學的對象爲人類世界中的價值信念、行爲、行爲結果的好壞。以軍人的例子來說，倫理學既有助於吾人探索自我，實現自我，成就幸福；亦可以幫助吾人反思自身軍人的定位，實現自己理想中的軍人角色，並且學習以軍人身分成就幸福。

二、倫理學的核心課題：善

　　隨著西方倫理學的發展，各個時代所關注的研究對象皆有所不同。當社會生活變化時，道德概念也會發生變化；這些道德概念不僅會體現於社會生活方式中，而且也部分構成了人們的社會生活方式。起初，倫理學關

注的對象是「善」，探討「善」的定義、內涵以及重要性……等議題。之後，為了實踐「善」，逐漸將焦點轉移至「道德行為」，探討什麼樣的行為能實踐善，什麼樣的行為是善行？一段時間之後，因為反思善與行為的關係，逐漸又將焦點轉移至為什麼人們需要行善？意即，追問什麼才是善的終極目的？此時，焦點變成對「幸福」、「公益」和「效益」的探討。之後，人們又會將焦點轉移至行動層面，探討什麼才是實踐「幸福」、「公益」和「效益」的方法，於是，重點又再次轉移至與道德行為相關的「道德原則與規範」上面。

倫理學在思辨核心課題時，向來不是空洞的、抽象的概念分析，而是在時空背景的脈絡下進行理解和批判。以「善」為例，「善」一直是倫理學的核心課題，亦是倫理思辨首要的核心課題。關於「什麼是善」以及「如何行善」的課題，不僅是幾千年來倫理學家都要探索的核心課題，所有眾人在思考如何安身立命時，也都無法逃避的這個課題。在古希臘荷馬史詩所描述的社會中，最關注的倫理課題在於履行社會指派給他的社會職責方面。正因為，一定的品質對於履行一個國王、武士、判官或牧羊人的職責是必需的，所以描述諸如勇敢、正義這類倫理價值的名詞才有了用途。當初人們正是在這樣的背景下來理解「善」（*Agathos*，善一詞的始祖）。當時，*Agathos*一詞不像今天所使用的善一詞的涵義，因為它不是用來讚賞人身上有關善的品質。*Agathos*可以與描繪荷馬史詩中理想人物的品質的詞相互替換，意思是說，當問起這人是善的嗎？這個問題是與「他是勇敢、聰明、高貴的嗎？」同一問題。這類問題要通過下列問題來回答：他有成功地戰鬥、謀劃和統治過嗎？稱某人為善，就是在說，他們可以期待從那人身上看到某種行為，並且可以根據那人在過去事件中的行為把一些性情（disposition）歸之於他。荷馬史詩之後，波斯入侵、殖民化、貿易往來的增加，以及因此而產生的頻繁旅行等所帶來的影響，「善」這個詞的內容變得不確定。

不同於希臘荷馬史詩從是否履行個人社會職責來定義「善」，亞里斯多德從形上學的角度來定義「善」。他認爲，無論善的內容是什麼，能夠被稱爲「善」的，其內容必須滿足兩個條件，首先，所有要能稱之爲「善」的東西，必須本身就是「善」的。舉例來說：因動了憐憫慈愛的心而幫助別人，這件事本身就是善的，所以稱爲「善行」。人們不是因爲被幫助的那人得到幫助的量的多寡來判斷，也不是因爲這個幫助帶來多廣大深遠的影響才稱「幫助的行爲」爲「善行」，而是因爲「因憐憫慈愛而幫助別人」的這個行爲本身就是「善行」。其次，「善」這個概念本身是自足的，是其他行爲的目標，其他概念因它而存在。意思是說，當我們說某人是「好人」、某件事情是「好事」、某行爲是「善行」，這都是在用「善（好）」來描述、指稱其他概念（像是人、事、行爲）。亞里斯多德認爲，如果要形容最普遍的、最廣義的「善」，可以用「至善」、「最高善」或「幸福」來加以描述。關於善的種類，亞里斯多德認爲可以分爲三種：第一種是外在的善（財富、權力、名譽）；第二種是關於身體的善（健康與肉體美）；第三種是關於靈魂的善（節制、勇氣、智慧等）。亞里斯多德認爲，這三者中最重要的是關於靈魂的善，因爲節制、勇氣與智慧等是卓越的人所擁有的、名爲品德的資質，唯有基於品德的行爲才是善，因爲它會帶領人們走向幸福。

三、倫理學的價值

倫理學有助於培養「倫理思辨」的能力，「倫理思辨」有助於理解禮儀規範的立意和精神，掌握禮儀規範所體現的良善價值，進而建立個人

合宜的價值觀。故而，學習「倫理思辨」對於進入社會、歷練複雜的人生百態有其必要。除此之外，學習倫理學還有助於人們思辨並解決倫理衝突與價值爭議。當發生倫理衝突或價值爭議的時候，藉由倫理思辨，尋找普遍有效、客觀合理的論述，依此尋求正確合理的解決之道。人生難免遭遇兩難的倫理困境，面對倫理決疑的難題，人們需要藉由倫理思辨與道德推理的過程，找出解決困境之道。舉例來說，為了整體利益犧牲部分利益是應該的嗎？為國家利益犧牲小我利益真的是一項容易的道德判斷？所謂「部分利益」或「小我」若包含了你整個家族或數十萬人城市的存亡，是否還能這麼輕易的進行道德判斷和抉擇？在倫理兩難的關鍵時刻，人們選擇的結果有時不僅影響自己和家人，甚至會為整個國家帶來深遠的影響。有時候，人們想要追求幸福，希望使自己成為更加良善的好人，然而卻又對「幸福與良善是什麼」感到迷惘、困惑。不管是前述哪一種情形，都需要藉由倫理思辨來加以釐清。

在軍中，與倫理學相關的領域是軍事倫理或軍人武德。《國軍教戰總則》提到：「洞察是非、明辨義利，以見其智」。只要涉及倫理層面的「洞察」與「明辨」，都與倫理思辨或道德推理的訓練有關。近年來政府積極推動廉潔教育，國防部亦大力推行「國軍人員廉政倫理」。執行國軍廉政倫理的國防部政風室，其主要工作除了要制訂各項具體的「國軍人員廉政須知」措施，包括：財產申報、利益衝突迴避、請託關說登錄查察等，提供國軍人員行為指引；亦必須訂立「國軍人員廉政倫理」的倫理規範與「國防採購法」等法律條文，約束國軍人員的行為。這些規範不但以倫理學理論為基礎，更藉由倫理思辨與道德推理的訓練來加強公務員的廉潔政風，增加人民對政府的信任。由此可知，倫理思辨、道德推理在實踐倫理行動中的重要性。而訓練倫理思辨、說明倫理思辨的依據，以及檢視倫理思辨成果的合理、客觀與普遍等，都需要仰賴倫理學理論提供滋養，由此可見，倫理學作為倫理思辨的基礎，具有不可或缺的重要性。

第二節　倫理學理論的發展

　　大體說來，現代西方倫理學的研究有三大主流。第一是「規範倫理學」（Normative Ethics），此學派多半探討社會大眾關心的課題。他們主張人須以奉行道德原則、培養德行的方式來成就幸福人生，實現人生意義。學派的立論或基於人性，或出於社會生活的需要，但有部分可能來自於對神人關係的關注。規範倫理學重視道德的規範性與普遍性，強調道德規範是每個人的行為所必須依循的。第二主流稱為「後設倫理學」（Meta-Ethics），裡面討論的主題和內容往往與倫理學所對應的行為無關。他們以建構知識的態度研究倫理學，熱衷於嚴謹地分析倫理術語，並以知識命題的形式呈現，以此作為研究對象。第三主流學派為「應用倫理學」（Applied Ethics），此學派以務實的態度，關切倫理學在社會具體情境中的實踐與應用。「應用倫理學」研究的範圍相當廣泛，因應「應用」層面的不同，有的強調應用的主題，例如：墮胎、安樂死、代理孕母等；有的強調應用領域，例如：各種專業倫理或泛稱的職場倫理。無論是應用於主題或領域，都屬於「應用倫理學」的一環。以下將更進一步闡釋倫理學三大主流學派的核心精神及其所探討的課題。

一、規範倫理學

　　規範倫理學是中外倫理思想發展的主流，傳統倫理學以規範倫理學為主，此學派一方面致力於系統性的建立道德觀念和道德判斷，探討道德原則的合理性，其目的是要建構行為規範的基本原則，以解決道德問題；

另一方面，它以行爲所達成的結果或實現的目的爲依據，探討道德規範對人類的行爲、品質、制度和生活方式的影響和限制，提供人類實際生活中行爲的指引。規範倫理學的核心課題包括：建立指引與判斷行爲對錯的標準。這個問題涉及善與惡、責任與義務、道德與利益、道德價值與幸福、道德規則與社會制度等等。規範倫理學依據其發展歷程，大致可分爲效益論、義務論和德行論。關於這三大分支，將於下一節更詳細闡述。

二、後設倫理學

20世紀占學術主導地位的分析哲學提出後設倫理學（又名分析倫理學或元倫理學）的主張，強調倫理學應著重於道德語言的分析，了解道德語詞的意義。之所以稱之爲後設，是因爲該學派聚焦於道德推論背後的邏輯結構，道德規則背後的邏輯依據或知識論層面的立論基礎，目的是要建構絕對客觀的倫理眞理。因此，後設倫理學的基本問題，即探討：1.道德言詞意義的分析，以澄清其使用的概念；2.探討道德問題有效推理的型式，以顯露其邏輯性質與可能的謬誤。

最具代表性的是英國哲學家摩爾（G. E. Moore, 1873～1958），他主張，傳統規範倫理學從社會或自然事實所列舉倫理事實中，推導出倫理原理或道德判斷的原則，都是犯了自然主義的謬誤（naturalistic fallacy）。摩爾認爲，傳統規範倫理學都具有某種自然主義（naturalism）的性質，他們大致都主張，所謂「善」所指的事物，是指某種具有「自然性質」（如快樂或幸福等）的事物。倫理與價值判斷正如日常事實或科學事實一樣，可以由經驗探究而證實；但摩爾反對這樣的看法，他認爲「善」不是

一種自然的性質，而是「非自然的性質」。「善」是指一種單純的、獨特的以及不能分析的性質，也就是「不能定義的」（indefinable）性質，因此任何嘗試對善做定義的學說，都犯了自然主義的謬誤。摩爾認爲，以自然主義的方式來定義「善」是不周延的，這樣的「善」是不清晰的、充滿歧異且容易產生誤解的。因此他力求明確界定「善」以及其他倫理意涵的字詞所代表的各種對象、性質或概念的涵義。目的是要爲規範倫理學提供方法論的依據，避免規範倫理學中各種倫理原則的規範性淪爲獨斷或混淆。

　　具體言之，後設論理學不直接指出什麼是行爲對錯的判斷標準，也不直接提出道德行爲準則，而是去追問道德語言的後設：「說一個行爲是對的（或錯的），這到底是什麼意思？當我們說一個行爲是對的（或錯的），我們到底在幹嘛？」後設倫理學家不是要找出道德原則去判斷什麼行爲或制度是對或錯，而是退一步地思考「對／錯」、「道德」、「義務」這些道德性質本身是什麼、道德性質（moral properties）或道德事實（moral facts）是否存在。如果它們存在，又是以怎樣的形式存在，它們是否能獨立於人類的心靈存在……等道德知識的研究。

　　這學派受到傳統規範倫理學與應用倫理學的批評在於，他們標榜一種所謂的「中立」態度，不願意對人類在自我與群體生活中的言行舉止，發揮規範或引導的功能。這樣的作法忽視倫理學的實踐意涵，漠視人在道德實踐中需兼具「眞理尺度」（理智）與「價值尺度」（意志），而不是只有「眞理尺度」（理智）而已。這種「倫理學」研究，在原則上根本地背離了「倫理學」此一學科在人類文明史上出現的意義。

三、應用倫理學

　　應用倫理學是倫理學領域的次學科，於20世紀後半開始興起，其原因首先與「倫理學」此一學科內部的自我反省有關，是一門與傳統規範倫理學相對應的學問。20世紀中葉以後產生了許多新型態的倫理課題，這些課題是以往的規範倫理學與後設倫理學無法有效回應的，因此需要有相對應的新型態的倫理學研究，針對此類課題進行較為有效的思考與回應。雖然應用倫理學是20世紀後半世紀之產物，但應用倫理學的範疇仍包含在倫理學之內，它常與一般倫理學的思考交織在一起，將倫理學的基本原理原則應用於具體的、有爭議性的道德問題上。

　　應用倫理學具體地探討實際發生的社會爭議與真實案例。因應當代人類社會中確實存在的問題，應用倫理學出現了許多重要分支，例如：醫學倫理、醫護倫理、基因倫理、環境倫理、動物倫理、商業倫理、傳播倫理、新聞倫理、資訊倫理、網路倫理、工程倫理、公共政策決策倫理等。有些學者認為應用倫理和專業倫理不同，若從研究課題和研究範疇觀之，專業倫理可視為應用倫理的一環。專業倫理學包含在應用倫理學的範圍之內，它也是一般道德原則的應用，是將倫理學的基本原理原則應用於專業領域，只不過它應用的對象特別限定於某一專業領域的人員或問題，故而涵蓋範圍較應用倫理學略小。

　　應用倫理學會隨著應用不同的倫理原則而產生不同的結論，因此所提供的解決方法往往也不容易獲得共識。以醫療倫理為例，根據義務倫理的原則，對病人隱瞞病情是不容許的，但從功利主義的角度看，若這樣做會帶來好的結果或者較大的利益，那麼隱瞞病情是容許的，也是善的。由此可知，相較於傳統的基本倫理學和後設倫理學，應用倫理學所提供的解決原則更為豐富多元，卻也更加複雜與不確定。這是因為「應用倫理學」是

一門持續發展中的學科。只要人類的現實生活中，確實因為某種既有的、或正在發生發展中的現象，帶來新的道德難題，就可能因此增加更多「應用倫理學」的分支。

第三節　規範倫理學的分支

一、從目的論到效益論

　　傳統希臘時期的倫理學以亞里斯多德爲主流。亞里斯多德主張所有的行爲都具有目的性，且這些目的皆蘊含善的性質，稱爲「善目的」。各種目的具有高低位階之分：有時候我們從事某個行動只是追求另一個更高階目的之手段。由理性推論得知，一連串的手段和目的之間必有一最終目的，此一最終目的所蘊含的善爲「至善」（最高善）。此一「至善」的最終目的是一連串追求其他目的與活動的最高價值位階，而這個「至善」的最終目的就是「幸福」。由此不難看出，亞里斯多德企圖從人類行爲的目的性，以及人是理性動物的基本假定，來論證追求幸福的必要性。這樣一來，道德判斷的對象便聚焦於「人的行爲」，特別是那些人們有意識、有目的所作得的行爲。亞里斯多德的倫理學持續發展，後繼的學者，若特別看重從人行爲之後的結果和目的來研究倫理學的，就稱爲「目的論」；若特別從人行爲最終目的「至善」的內涵——幸福作爲探討的核心課題者，就稱爲「幸福論」。後世學者中，那些從「行爲結果」的觀點來闡釋「善目的」的學派，又稱爲「結果論」。其中，以「行爲結果的效益或益處」來理解「善目的」的學派，又稱爲「效益論」。關於這四種學派的簡要說明如下：

（一）目的論

　　「目的論」主張行爲的對錯，完全決定於行爲所實現的目的或結

果，不管這個目的或結果是爲了追求利益、幸福、人生全面的實現或德行的完成。從希臘時期的亞里斯多德到中世紀的多瑪斯，莫不從行爲目的和結果來理解「善」，所有行爲的最終目的就是「至善」。所謂「行爲最終目的」亦是人生在世所追求的終極目的，人生在世所爲何來？這是每個人都會問，也都會努力實踐的課題。這派倫理學家認爲，人一生的努力都是爲了某種終極的渴望，這個渴望必定包含某種「至善」的意涵，一旦達成「至善」的最終目的，就能得到「幸福」。一般人將幸福等同於明顯可見的東西，譬如快樂、財富或榮耀；但是亞里斯多德認爲「幸福」具有三種特性：第一，「幸福」是終極的（ultimate）。人們只能爲幸福而幸福，追求幸福從來都不是爲了其他東西；相反的，人一生所努力追求的各項東西都是爲了追求幸福。第二，「幸福」是自足的（self-sufficient）。意思是說，得到幸福意味著全然的滿足，沒有遺憾，不再缺乏任何東西。因此，第三，「幸福」是最終目的。它是所有實踐活動的目的或目標，其他行爲的目的都以幸福爲最終目的。

（二）幸福論

　　何謂幸福，隨著各人想法不同而異。由於「幸福」是人類生活的一種狀態，因此也可以從人類生活的形態來探索幸福。亞里斯多德認爲，人類的生活可區分爲三種類型：第一類是享樂的生活，在這種生活中，將快樂視爲幸福；第二類是政治的生活，其中最重要的是名譽，於是，享有世人的敬仰是幸福；第三類是沉思的生活，包括與品德有關的、與至高層次（神）有關的、與世界終極關懷有關的（大我或大愛），或者與提升靈性有關的生活等都屬於沉思的生活。其中，第三類沉思的生活是最高貴的。沉思的生活既是擁有「愛好智慧」此一含意的哲學實踐，從中獲得智慧的

快樂，也是最純粹、最確實的。當然，有些人認為幸福正如亞里斯多德所說，是靈魂的活動；然而，也有人會認為，能夠從外在的快樂和肉體的快樂，或是名譽、權力中找出幸福的價值。

（三）結果論與效益論

　　隨著後人對「目的」所表徵的價值內涵不同，目的論也衍生出各種不同的理論學派。舉例來說，18世紀的邊沁（Jeremy Bentham, 1748～1832）和彌爾（John Stuart Mill, 1806～1873）等人，將亞里斯多德的「善目的」理解為「行為的結果」，並且將亞里斯多德的「善」理解為一種外在的、可量化的善；進而將亞里斯多德「道德判斷的對象為『人的行為』」這一主張，理解為「從外在可量化的行為結果」來判斷善惡與對錯。由此歸結出，能為最多人帶來最大利益的行為是對的行為，並且，這個最大利益是指行為結果的最大總量。他們認為，就本質而言，幸福意指快樂的總量，金錢、權勢、健康等等，只是獲得幸福快樂的好工具或好手段。這種主張以行為所產生的整體結果來決定行為善惡的理論稱之為「結果論」或「效益論」。若要嚴格區分兩者的差異，簡單的說，將「善的目的」理解為「行為的結果」，以行為結果的量化程度作為道德判斷的標準者，為結果論。將道德判斷理解為評估行為結果之「效益」的活動，則是效益論者的核心論點。

　　效益論主張，道德判斷應以行為結果所帶來的效益作為準據，這樣的道德判斷原則稱為「效益原則」，這是效益論最基本的道德原則，是用來檢驗任何行為對錯的最基本依據。根據「效益原則」，亞里斯多德所指稱的幸福的內涵，便被詮釋為：人們應該持續不停地促使最多人獲得最大幸福。這樣的倫理發展原理被稱為「最大幸福原理」（The Greatest Happiness Principle），重視的是行為結果利益的最大化。因此，所謂「幸福」就是指行為結果所產生的利益的極大化。換言之，效益論認同亞里斯多德所主張的，人類行為的最終目的是「至善」、是「幸福」，但是所謂「至善」或「幸福」的內容必須取決於行為結果所帶來的快樂極大化。

　　邊沁主張，儘管人們表面上好像在使用「善與惡」等語詞，他們真正的意思其實是指「苦與樂」：當他們講到「善」的時候，其實是指「快樂」；當他們談論「惡」時，其實是指「痛苦」。當人們說：善愈多愈好，也就等於是在說：快樂愈多愈好，痛苦則是愈少愈好。由此延伸的倫理原則就是：所謂「為善」或「善行」，就是指做那些能增加人類快樂總量的事，或做那些至少儘量減少痛苦總量的事。於是，善與惡的道德權衡，成為「快樂和痛苦之間的加減換算」。「道德兩難困境」的解決之道，亦可藉由運用加減法衡量快樂與痛苦的方式得到解決。

　　效益論用快樂和痛苦來理解善惡，但快樂和痛苦其實是感官感受的結果；由此而來，探討幸福，成為探索人類在幸福狀態中的感覺或感受。於是，理性與客觀的善惡道德判斷，演變成感性與相對主觀感受的好惡判斷。雖然，效益原則以快樂與痛苦的集體感受為幸福的判斷標準（幸福是最大多數人的最大快樂），藉以證成快樂與痛苦的感受也具有理性與客觀的成分。但是，在實際執行的過程上面卻常常發現，事件帶給人是快樂還是痛苦，不僅很難量化，並且隨著時間演變充滿不確定性，例如：現在的快樂可能成為未來的痛苦，那這樣的快樂還是快樂嗎？再者，若以最大多數人的最大快樂為善惡對錯的標準，這似乎是在說，「為了大多數人的快樂而犧牲少數人的快樂是合理的，是對的，是善的」。這樣的論點，頗受爭議，例如從社會正義的角度來看，「將大多數人的快樂建立在少數人的痛苦上」是一種不正義、不合理的作法，並不是一種善，而是一種錯誤的行為。

二、義務論

義務論的代表人物是康德。康德把效益論這類強調行為結果的快樂與幸福，稱之為「幸福主義」或「享樂主義」。他認為這種「幸福主義」不能作為善惡的倫理原則，因為人的快樂其實沒有高低層次或種類之分，所有快樂都是肉體性的。這種建立在感性原則基礎上的幸福論是非理性的。其次，快樂或幸福的感覺常常會隨著不同主體的偶然境遇而變，這種根據感覺而來的「幸福」概念既不穩固，也不確定，無法作為客觀道德理論的基礎。他甚至嚴厲地批判效益論，認為這種「以自身幸福或行為結果的效益作為道德判斷與行動的最高準則」的幸福主義嚴重扭曲道德動機的本質，是一種他律倫理，並不可取。康德之所以反對效益論，是因為「行為結果的好壞與快樂與否」不應該是我們道德判斷的首要考量，更不該是唯一的考量，甚至康德認為：「我應該做什麼？」這樣的問題不應視為道德的核心問題。「依循他律規範而行」，這是每個人都清楚知道的事，哪裡需要道德判斷呢？真正的道德核心問題通常是一種情境：當人在面對內心欲望與外在誘惑之間的牽扯時，那種「為所當為」與「實際所為」的天人交戰，才是真實的道德課題。用白話的意思來說，「理性上知道應該怎麼做？」跟「感性上內心裡渴望怎麼做？」二者之間有衝突時，該怎麼取捨？該怎麼做才能相互成全？這種掙扎與為難的處境所蘊含的道德課題，才是康德所意指的真實的道德課題。

這種帶有掙扎與交戰意味的道德課題，多半與道德動機有關。意思是說，行為的善惡與對錯，不取決於行為所造成的結果或目的，而是取決於行為本身所具備的動機。如果行為的道德價值取決於行為的結果，那麼，我們必須先知道行為結果的好壞，才能決定該行為的道德對錯。可是，行為的道德判斷若要具有普遍客觀性與合理性，應該獨立於變動不居的行為

結果之外。我們必須先決定一個行為是對還是錯，才能判斷它有沒有價值；然而，要決定行為的對錯，應取決於行動者自律的意志。自律，獨立於變動不居的行為結果，純粹就行為本身的善惡來加以判斷。

　　康德認為，真正的倫理必須基於行動者自律的意志，這是一種善的意志。善意志是行為者依照道德原則行動的一種承諾或態度，行為的動機單純是為了履行道德義務。善意志作為一種行為的動機，它的「善」不在於可以產生好的結果，不受結果好壞的影響，行為本身就包含一種善意。善意志的「善」是一種道德價值，即使依循善意志所產生的行動會帶來極大的痛苦或苦難，也不會減損其道德價值，因為它的目的是要行善。舉個例子來說：軍人縱使被刑求也不供出軍事機密，雖然承受刑求的痛苦，但是承受痛苦的動機是為了成就保密、忠誠、國家利益、同袍安全等道德價值，這樣的苦難不但不會減損道德價值，反而還會成就高尚的道德價值。

　　康德認為，人類擁有理性和善意志，這個特點使得每一個人都應該被他人當成目的來對待。所謂「把人當成目的」，是指人必須相互尊重，視別人為具有理性、可以實踐道德行為的尊嚴存在者。如果沒有這樣看待別人，甚至將別人當成滿足自己喜好（或渴望）的手段或工具，這就是一種「把人當成工具」的概念。小至利用別人來滿足自己，大至透過暴力或欺騙的方式從別人那邊獲取不當利益者，都可視為「把人當成工具」。

　　康德認為，善意志樂於服從良心並將自律的良心視為「無上命令」（categorical imperative）。所謂「無上命令」是指，人應該只依據自己願意某道德規範成為普遍法則的那些道德規則或格律來行動；「無上命令」是一種要求自己應無條件地去做某件事的命令，也就是說，不管我們想要什麼，或是我們的目標和目的為何，來自於自律良心的「無上命令」都會要求人省察自己的行為是否有符合「普遍化的道德律則」。這種「普遍化的道德律則」具備必然性與客觀性，並且具有「形式化原則」的特性，先於個別經驗而存在；換言之，那些稱為「道德法則」的，都必須具備普

遍、必然、客觀的性質。相較於「功利原則」，以行爲結果所帶來的效益作爲道德判斷的原則，以感覺、欲望和需求爲效益計算的參照條件，既無法滿足普遍性與必然性的要求，也沒有客觀性，因此不能被視爲「道德法則」。人之所以要建立「道德法則」，用意正是爲了約束人們的感覺、欲望和需求，因此必須建立在理性的基礎下，以「應該」的命令形式呈現，而道德義務就是由道德法則所規定的必然行爲。

簡言之，義務論認爲道德價值來自於個人的善意志對自己的行爲進行某種自律要求，這種自律要求乃是一種「不可不爲」的「義務」。換句話說，人的行爲之所以具有道德價值，不是由於行爲所達成之目的或結果，而是要看人是否有從自律的善意志出發，視某些行爲爲一種「不可不爲」的「義務」。康德認爲，道德判斷的客觀性必須基於普遍的道德律則，這些普遍化的道德律則才是善與惡、對與錯的判斷標準。

三、德行論

亞里斯多德主張，德行是追求善的方法，善的實現就是幸福。一個值得過的、理想的或幸福的生活是依據最完滿的德行而活，幸福和德行幾乎是共生的關係，無論最高的幸福或是次等的幸福，德行都是必要且不可缺少的條件。那些側重於從「德行」層面來理解亞里斯多德倫理學主張的學派，稱爲「德行論」。簡言之，德行論主張道德的功能在於培養人的德行，在於培養有價值的品格特質，因爲這是成就幸福所必須的方法。因此，德行論，不像康德的義務論、彌爾的效益論那樣，將焦點放在行爲的對錯上面，德行論更重視那做出行爲的「行動者」（agent）。同樣地，

德行論關注的課題也和義務論、效益論不同，義務論和效益論爭論的是「人的行為應該怎麼做才能被稱為是善的」，德行論關注的是「我想要成為什麼樣的好人？我應該做哪些善行才能使我成為那樣的好人？」

亞里斯多德所意指的「德行」（arête, virtue），和當代所意指的「德行」不太相同。他從「功能」的層面來定義「德行」：「德行泛指使事物完美或卓越的特性」；因此，所謂好人，就是充分發揮人的功能的人。充分發揮人的功能意味著能善用「實踐智慧」（practical wisdom），實踐最完滿「德行」。就功能的層面來看，德行的種類有三大類，第一種是指身體上的德行，例如：面貌姣好、身體健康、行動敏捷等；第二種是指知性上的德行（intellectual virtue），例如：很有知識（博學多聞）、善於技藝、具有反應敏捷的實踐智慧、直觀能力敏銳（先知型的洞察、能見微知著）等；第三種是當代所意指的具品格、道德意涵的德行（virtue of character or moral virtue），例如：勇敢、仁慈、正義、真誠等。

關於「德行」的性質，亞里斯多德認為，（一）德行不是天生的。雖然德行有人性的成分，但嚴格說起來，德行並不是天生的，而是來自風俗習慣，多半由後天習慣養成。（二）其次，德行通常在人作選擇的時候展現出來。德行是人在從事決定時所展現的一種「氣質傾向」（disposition），人的品格裡面蘊含這些「氣質傾向」，當人作決定時，這些「氣質傾向」以一種自願的或自動的樣貌呈現。（三）所有的德行都具有「中庸」（mean）的性質，而中庸的標準是相對於行動者的。所謂「中庸」，是指「介於情緒和行為的過與不及之間」，每一行為都對應著過與不及的兩種情境，而德行是依據中庸行動，意即在避免走入過與不及的兩端，儘量走在中間狀態的行為。舉例來說：勇敢這種德行是在避免走入魯莽與怯懦的兩端，儘量行在兩端的中間所做出的行為。（四）所有的德行都必須依靠理性和智慧，由理性和智慧來判斷和決定不同情境中的「中庸」。德行雖然像技能一樣，可以經由後天訓練、靠養成習慣而獲得；但

是，德行並不等同於技能，技能的優劣可以完全由產品決定，而德行的好壞不是完全由個人所表現的行為決定。德行的展現，必須滿足三項條件：第一，必須知道自己所從事的行為是正當的；第二，他的動機必須完全基於行為本身是善的而這樣做；第三，必須在穩定的性情中持續地從事類似的行為。

德行論者認為，人的一生是否幸福，必須從整體人生來加以評估。人只能積極地實踐德行和品格來獲得幸福，因為德行是追求幸福、實踐幸福的必要條件。可以發現，人要得到外在於己的幸福，像是：財富和名利等，有時需要運氣，很難完全操之在己；但德行作為一種內在於己的善，卻是可以完全由自己的行動來加以決定。當自己作出「善行」，會從內油然生起某種快樂與滿足的內在善，亦會獲得某種幸福感。由此看來，自給自足的幸福主要是由符合德行的活動所決定，也正因為如此，德行才得以被視為獲得幸福的必要條件。人生禍福雖然並不全然操之在己，但不容否認地，大部分的生活都可以由自己決定，都是出於自己的選擇；這樣看來，要獲得個人範圍所能掌握的幸福，最佳且有保障的方法就是實踐德行。因此，德行是實現幸福最穩定且具宰制性的成分。畢竟真正善良有智慧的人即使運氣不好，也能本著自身的品格作出相應的德行來應付惡運。

延伸閱讀 ·····································

沈清松，《哲學概論》，臺北：五南，2002。

梁光耀，《圖解倫理學》，臺北：五南，2017。

費南多·薩巴特（Fernando Savater），《對與錯的人生邏輯課—哲學大師的倫理學邀請：過更好的生活》，王施洋譯，臺北：漫遊者文化，2010。

鄔昆如，《哲學概論》，臺北：五南，2004。

羅傑—坡爾·德洛瓦（Roger-Pol Droit），《解釋給每個人聽的倫理學》，陳太乙譯，臺北：聯合文學，2015。

研究與討論 ·····································

1. 請簡述「倫理學的核心課題：善」。

2. 請簡述「規範倫理學」。

3. 請簡述「後設倫理學」。

4. 請簡述「應用倫理學」。

5. 請簡述「從目的論到效益論」。

6. 請簡述「義務論」。

7. 請簡述「德行論」。

8. 規範倫理學有三大分支，請簡述並評論三者。

第六章　歷史哲學

第一節　歷史、歷史學與歷史哲學

　　歷史應該是學生最熟悉也是最陌生的學科，熟悉的原因是因爲從國中到高中都有歷史課程，雖然一週課程的時數不多，但也至少學習了五年的「歷史知識」，到了大學，也有必（選）修歷史課程供學生修習。但若問學生學習經驗，可能得到的答案是「『小時候』聽故事很開心」、「考試要背很多年代、人名、事件」，甚至是「電視、電影有演過」，有些人還會把《三國演義》就當成《三國志》來如數家珍；如若繼續追問爲什麼要學歷史，則許多時候得到的回應是支支吾吾，至多就是「讀史，可以知興替」了，這也就是陌生的原因。

　　不過，從「爲什麼要學歷史？」這個問題，到學生的回覆是「知興替」，抑或是「從歷史得到啓示、教訓」，裡面透露了一個有趣的、值得玩味的訊息，那就是姑且不管學生學習歷史的情形，但他們在學習過程中應該都被提示了：歷史發展，又或者歷史知識，是有意義的。

　　按英文History的漢譯，係由日本明治維新時的學者以「歷史」（れきし）對應。事實上，「歷史」一詞早見於中國史傳，如《三國志・吳書・孫權傳》嘗載趙咨稱美孫權「博覽書傳歷史」，又如《南齊書・魚復侯（蕭）子響傳》有「積代用之爲美，歷史不以云非」語；而《說文解字・止部》謂歷，「過也」，《說文解字・史部》云史，「記事者也」，則單從字面意義而言，「歷史」可理解爲被記錄的事件經過。另《清史稿・選舉志・學校》載光緒皇帝頒有〈欽定學堂章程〉，規範大學豫備科及中等學堂有「中外史」、小學堂有「史學」的課目，及後重訂課目則以「歷史」代之，逐漸爲今人所習稱。

　　惟History的字源爲拉丁文*Historia*（希臘文作*ioyopia*），原意指的是調查、探究，如古希臘時期的希羅多德（Herodotus, 484～425 B.C.）的著

作即以《歷史》（*Historia*）爲名，留下了波希戰爭（Greco-Persian Wars, 499～449 B.C.）的記述，他在書的開頭就說明了文旨：「爲了保存人類的功業，使之不致由於年深日久而被人們遺忘，爲了使希臘人和異邦人的那些值得讚歎的豐功偉績不致失去它們的光采，也是爲了把他們發生紛爭的原因給記載下來」，因而被稱爲西方「歷史之父」（Pater Historiae）。及後又有修昔底德（Thucydides, 460～400 B.C.）《伯羅奔尼撒戰爭史》（*History of The Peloponnesian War*），謂其著史，「關於戰爭事件的敘述，我確定了一個原則：不要偶然聽到一個故事就寫下來，甚至也不單憑我自己的一般印象作爲根據；我所描述的事件，不是我親眼看見的，就是我從那些親自看見這些事情的人那裡聽到後，經過我仔細考核過了的」。從希羅多德想要「保存人類的功業」，到修昔底德強調「仔細考核」，他們的著作都確實地對應了Historia之義；此外，尚有遠在東方的司馬遷（145～86 B.C.），其於〈報任少卿書〉中自云《史記》之作，「網羅天下放失舊聞，考之行事，綜其終始，稽其成敗興壞之理，……亦欲以究天人之際，通古今之變」，說明了司馬遷不只是想要蒐集散失的舊事遺聞、考核事實眞相，更想從中反映社會與自然的關係，也要通曉從古到今的內在變化。故歷史不僅是已發生的過去事實，而且也是被有意識地選擇的紀錄；至於研究歷史的人則企圖重建歷史現場、還原歷史眞相，從中提出應被認識、領會的歷史意義。換言之，歷史學就是一門對歷史進行專業研究的學科，它含括了史料的批判、史實的確認、史識的思維，以及史學研究的理論和方法。

「歷史哲學」（Philosophy of History）一詞被認爲最早是由伏爾泰（Voltaire, 1694～1778）所揭，即其《風俗論—論各民族的精神與風俗以及自查理曼至路易十三的歷史》（*Essai Sur Les Moeurs Et L'esprit Des Nations*）的〈導論〉原題，文首並云「從哲學家的角度理解歷史」以尋求眞理、避開謬誤。如若慮及近代以來的歐洲，由於物理學、數學、天文

學的進步，藉由邏輯、觀察、實驗等科學方法取得知識已然是被肯定的，特別是關注科學、非科學的界限；相對的，歷史學能否同科學一般，成爲取得知識的渠道？通過歷史得出的知識與科學知識有何差異？

沃爾什（William Henry Walsh, 1913～1986）《歷史哲學－導論》（*Philosophy Of History: An Introduction*），嘗以自然哲學、科學哲學爲例說明歷史哲學的研究。自然哲學是思辨的學科，「研究自然事件的實際過程，著眼於構造一種宇宙論或者是作爲一個整體來說明自然界」；科學哲學是批判的學科，「對科學思維的過程進行反思，檢查科學家們所使用的基本概念以及這類的問題」。而歷史本身包括了「過去人類活動的全體」、「我們現在用它們來構造的敘述和說明」兩部分，故歷史哲學是「兩組哲學問題的名稱，它既有思辨的部分，又有分析的部分」。換言之，沃爾什將歷史哲學分成兩大類，包括批判（分析）的歷史哲學、思辨的歷史哲學，其中，批判的歷史哲學討論的問題，包括歷史知識的形式、內涵與客觀性；思辨的歷史哲學則在探索歷史發展過程。

總之，在知悉伏爾泰「從哲學家的角度理解歷史」的主張，到沃爾什對歷史哲學的引介之餘，我們仍要繼續回答「爲什麼要學歷史？」這個問題。由哲學的角度來看待歷史，把問題拆開來，推動歷史發展的動力是什麼？歷史發展有規律嗎？歷史知識的性質？歷史文明構成的內容？歷史知識能跟自然科學的知識一樣被確認嗎？歷史的用處？換言之，上揭論題就是以歷史爲探索對象，就是歷史哲學（Philosophy Of History）關注的內容。

第二節　歷史進程與文明型態

　　哲學是古希臘時期留下的重要文化，是一群愛（*philia*）智慧（*sophia*）的哲人企圖探求生活世界中最根本的道理。雖然前揭希羅多德、修昔底德的史學，是懷抱著踐行求眞探索的精神，惟對哲人而言，如若世界是人的心靈可以把握的，則在普遍意義的哲學要求下、在確定歷史事實之餘，尤冀望從中獲致一個關於歷史發展規律、意義的思想理論。

一、上帝是歷史發展的普遍性原則！

　　歐洲就在日耳曼民族侵擾、西羅馬帝國衰亡中揮別了古典時期，而中世紀的基督教史學也令歷史發展規律的哲學思辨有了答案，即用宗教化的解釋來理解歷史事件或歷史過程。410年，西哥德人攻陷了羅馬城並大肆掠奪，被破壞的文明和劫後的生活考驗著人們的內心情緒。聖奧古斯丁《上帝之城》（*De Civitate Dei*）以爲世間存在了兩個國度，即上帝之城、地上之城，而教會是在地上之城的上帝代表，它介於兩個國度間而欲令上帝之城能在地上之城實現，也致使鬥爭不斷發生，最終人將被救贖；《懺悔錄》（*Confessiones*）中更指出上帝是永恆的創造者。申言之，聖奧古斯丁從中體現了歷史發展的普遍性原則，而上帝之城、地上之城間的善、惡鬥爭則肯定了進步性格；惟不可諱言的是，這些原則的由來並非因爲歷史，而是因爲信仰。

二、歷史發展的規律是治亂興衰？

　　14～16世紀被認爲是歐洲告別中世紀，也迎來近代文明初曙的中介。文藝復興運動的人文主義關注人性的重新發現、肯定人的感情表達，以及強調個性解放；宗教改革運動則主張個人信仰之於上帝的主動性，從而貶抑了教會權威，再加上新大陸與新航路的發現，亦促使時人的世界觀有了新的視野；及至17～18世紀間自然科學發展有著突破性成就，獲取知識、提倡科學突顯了理性之於人類文明進步的意義。

　　職是之故，文藝復興時期的人文主義將歷史拉回到人的意義上，即人本精神取代了以神爲中心的世界觀，如馬基維利（Niccolò di Bernardo dei Machiavelli, 1469～1527）在《佛羅倫薩史》（*Istorie fiorentine*）嘗指出，「在興衰變化規律支配下，各地區常常由治到亂，然後又由亂到治。……究其原因，不外是英勇的行爲創造和平，和平使人得到安寧，安寧又產生混亂，混亂導致覆亡；所以亂必生治，治則生德，有德則有榮譽幸運。」他的歷史觀反映了人的現實性、存在感，畢竟政治良窳對人民生活的影響是最直接地。猶可一提的是，治亂興衰的歷史觀亦見於中國，《孟子・離婁》云：「三代之得天下也以仁，其失天下也以不仁。國之所以廢興存亡者亦然」；另外，《孟子・滕文公下》更直說天下大勢是「一治一亂」，亦有識者謂中國歷史是分久必合，合久必分的朝代循環。惟必須指出的是，興衰治亂的循環史觀，終究還是有出於垂訓、資治的內在目的，遑論歷史發展的普遍性原則。

三、歷史發展是朝向進步的

鑒於科學革命引致人們改變對外在事物的認知與態度，強調以科學方法探索問題並獲取科學知識，也促使有識者在啓蒙運動中揭櫫理性主義以反思自身社會、尋求普世價值；相對的，自然規律的觀念既被見重，歷史發展進程的必然性、規律性，以及可預見性等能否因理性而被理解？

維科（Giambattista Vico, 1668～1744）《新科學》（*Scienza Nuova*）的原題爲「關於各民族的共同性的新科學的原則」（Principi di scienza nuova d'intorno alla comune natura delle nazioni），企圖在科學知識之外肯定歷史知識，因爲理解自然世界固然重要，但社會世界既是人們自己創造的，是不是更應該被關注、認知？至於作法上，「民政社會的世界確實是由人類創造出來的，所以它的原則必然要從我們自己的人類心靈各種變化中就可找到」。維科重視那些所有民族共同都有的文化現象，如他們都有某種宗教信仰、會舉行某種隆重的婚姻儀式，以及有埋葬並悼念死者的作法等，他試圖從語言、思想兩方面去探索它們被創造、實踐的過程，從而提出普遍的原則。此外，維科以爲每個民族的歷史發展皆經過（統治者憑藉神權的）神祇時代、（貴族政治的）英雄時代，以及（民主平等的）人的時代等三階段，而總結人類社會進程則具有規律性的意義。至於歷史發展所以步上階段性過程的動力則由於階級衝突，惟其更迭內涵並非循環而是存有進步因。

相較於維科希冀爲了歷史知識建立爲「新科學」，孔多塞（Marie Jean Antoine Nicolas de Caritat, marquis de Condorcet, 1743～1794）則以爲對於自然世界、人類社會的認識皆可由經驗獲致，並肯定理性之於人類文明發展的重要意義；亦主張科學是社會進步的動力，自然科學進步必然增益社會科學發展，故倡言用科學方法研究歷史，歷史知識有助於人類文明

的進步發展。在《人類精神進步史表綱要》（*esquisse d'un tableau histo-rique des progrès de l'esprit humain*）中，孔多塞把人類歷史逕謂是精神進步的歷史，他觀察、記錄人類社會變化，分析社會「進步的不同階段」、「變化的秩序」、「階段發展的連續性」，從中爲世界歷史區劃了原始、畜牧、耕稼、古希臘、古羅馬、黑暗、文藝復興、革命等幾階段，樂觀看待進步因變革而成就、預期社會進步有著規律。

　　啓蒙時代的歷史哲學，除了有以進步的思維看待歷史文明、透過階段分期顯示歷史發展內在的原則、規律，尚有對於世界史構成的關注。伏爾泰於《風俗論》的〈序言〉交代了書旨——人類精神的歷史，「我的主要想法是盡可能了解各民族的風俗和人類的精神」。《風俗論》意欲由探察不同文明的起源與發展的過程中，發現共同的、普遍的內涵，試圖呈現出人類從莽昧到文明的進程，並勾勒出因理性引領進步的基調。歷史學家不僅僅是確定事實，還要用哲學思想闡明事實；尤其值得注意的是，被伏爾泰關注探索的文明世界不僅是希臘、羅馬和猶太，尚包括埃及、阿拉伯、印度以及中國。

　　赫爾德（Johann Gottfried Herder, 1744～1803）《人類歷史哲學的理念》（*Ideas on the Philosophy of the History of Mankind*），以爲歷史發展固是進步的，但非直線上升的，人類社會的發展規律同自然演化、生物的成長衰亡。此外，赫爾德的歷史視野也不以歐洲爲限，甚至留意了遠在亞洲另一端的國家，除了中國，尚有日本、朝鮮、越南；他看重不同民族社會文化的特性，其殊異是（外因）環境與（內因）精神相互作用的結果，所以各民族文化並無高下之分。

四、唯心的歷史發展

康德〈世界公民觀點之下的普遍歷史觀念〉（Idea for a Universal History with a Cosmopolitan Purpose），以為人類歷史發展具有目的性和規律性雙重意義，人類生命雖然有限，但基於理性而共同去追求並實現幸福生活，最終將建立普遍法治的公民社會；另文〈永久和平論〉（Perpetual Peace: A Philosophical Sketch），即肯定人類永久和平是可能的，也是必然的。

及後的黑格爾亦欲透過辯證的方式，呈現歷史的內在意義與發展規律，《歷史哲學》（*philosophie der weltgeschichte*）將歷史分為三類：其一是由歷史學家親歷或採摘他人敘述而無反省意義的「原始的歷史」，「描繪的只是短促的時期，人物和事變個別型態，單獨的、無反省的」；其二是歷史學家用抽象思想概括的「反省的歷史」，「這種歷史的範圍是不限於它所敘述的那個時期，相反地，它的精神是超越現代的」；其三是考察歷史思想的「哲學的歷史」，「用以觀察歷史的唯一的『思想』便是理性……，理性是世界的主宰，世界的歷史因此是一種合理的過程」。換言之，有別於時人將所見所聞記述的「原始的歷史」，以及歷史學家針對政治、社會或宗教的歷史事實進行探究的「反省的歷史」，黑格爾更肯定哲學家用理性認知歷史發展的整體性格，也只有理性才能顯示人類精神是有進程的、合理的。對黑格爾而言，理性就是自然和精神生活的基礎，而歷史即是理性之於精神生活的產物，也只有哲學能認識歷史；又他以為自由是精神生活唯一的旨的，世界歷史即是自由意識的發展、實現，這個過程是（事變遷異不是偶然而是）必然的、（向更良善）進步的、（因矛盾、衝突到調和而有）規律的。

五、唯物的歷史發展

而有別於康德、黑格爾之於歷史的哲學反思朝著非經驗、唯心的趨向，馬克思則有以唯物、辯證立論人類社會的歷史樣態與發展，其內涵就是一部階級鬥爭史。其於〈政治經濟學批判序言〉（A Contribution to the Critique of Political Economy）指出，人類的社會係為了滿足延續生命的物質需要，一旦生產力和生產關係出現不平衡發展，將令社會步上變革的結果——它是規律的歷史過程，也是新取代舊的歷史進程。馬克思指出，人類社會之所以能從蠻昧原始到封建統治，再進入到資本主義的階段，皆是因為生產力、生產關係間矛盾、衝突所造成的變動。隨著新航路、新世界的發現，再加上商業革命與重商主義促成商業經營創新、擴大貿易規模，以追求贍餘利潤為旨的資本家取代了原本不事生產的貴族，也讓社會生產關係有了新的變動。那新的生產關係存在著貧富差距、勞資不公的矛盾，也終會喚起被剝削勞工的階級意識與革命行動，而當年的法國人民就是用革命行動改變了現狀。資產階級的生產關係，是社會生產過程的最後一個對抗形式，革命後的社會終將進入到生產工具公有化，也不再有階級之分。

六、多元文化與世界文明

如維科肯定歷史知識的意義，並提出歷史發展的是朝進步方向的理念，又如黑格爾以為歷史發展是有目的的，是人類精神的理性展現，從中顯示了他們對18世紀歐洲的自信；而地理大發現後，面向大西洋的西歐逐

漸取代了地中海的南歐，成了近代歐洲文明的重心，因海權擴張的對外經略也促使有識者用西方自我中心的態度面對東方。

然而，相對於相信歷史進程是進步的、規律的、週期的、有目的的，史賓格勒（Oswald Spengler, 1880～1936）《西方的沒落》（*The Decline of the West*）則抱持了否定的立場，指出歷史是由文化所構成，是因為文化而有了民族，而且每種文化都是同生命般的有機體，故強調（與自然世界相對的）世界歷史的文化型態，「不承認古典文化或西方文化，比印度文化、巴比倫文化、中國文化、埃及文化、阿拉伯文化、墨西哥文化等占有任何優越地位」，反對「使各大文化都把我們當作全部世界事變的假定中心」。此外，史賓格勒也以為人類歷史的發展進程，就是研究世界上各個地區文化的歷史；而文化是有生長、衰亡週期的有機體，是單向的而非循環的，更無進步或退步之謂，從而在放下「歐洲中心論」之餘，有因歷史宿命的悲觀理由斷下了一戰後西方行將沒落的警言。

及後的湯恩比（Amold Joseph Toynbee, 1889～1975）嘗於〈我的歷史觀〉（My View of History）中，自云歷史研究應該是要理解所有的人類社會，並以為所有被稱為文明社會的歷史在世界體系中應是平行的；且於《歷史研究》（*A Study of History*）中，他批評過往西方歷史學家抱持的西方是「進步的」、「中心的」理念，「雖然世界各地的經濟的和政治的面貌是西方化了，但是它們的文化面貌，卻大體上維持著在我們西方社會開始經濟的和政治的征服事業以前的本來面貌」。故湯恩比以為人類歷史係由西方基督教文明、拜占庭東正教文明、印度文明、中國文明、阿拉伯文明、埃及文明等平行存在的二十一個文明組成，它們多數會有不同程度的交流、碰撞和承繼的關係，更分就個別文明的起源、生長、衰弱及解體等歷史進程中提出支配、引導的原則或規律，如挑戰與回應。有別於史賓格勒，文明的興衰週期並非單向、無意義的，衰弱中的社會也能孕育新態樣，顯示歷史進步的意義仍被肯定。

第三節　歷史事實與歷史知識

一、歷史學也是一門科學？

歷史的內容本應是經驗的事實，惟康德、黑格爾反思歷史發展把握了唯心的、有目的的內涵，抑或是史賓格勒、湯恩比著眼有機文化生命體週期演化的、無目的的思辨，從中即突顯了一個必須面對的問題：先天邏輯的思辨、歷史事實的經驗，兩者間如何能相符、一致？鑒於自然科學的「科學」概念，既揭出了方法的客觀性、知識的確定性，也使得摒棄主觀性、「如實直書」成了「科學」的歷史學所欲追求的準則；更有識者寄望藉著確定歷史知識的性質，包括分析動機及目的、檢視史料與方法，從而能理解歷史事實。如巴克爾（Henry Thomas Buckle, 1821～1862）《英國文明史》（*History of Civilization in England*）即抱持歷史學是一門科學的觀點，以為科學的發現是經由觀察的作法而被找到，那蒐集事實也能夠發現規律；至於支配人類社會的客觀規律，有自然規律（地理環境對人類文明的影響）、道德規律（抽象的人性規律）以及知識規律（實踐與認識增長知識），從而實現社會進步。

然而，將歷史知識訴諸實證主義的科學態度固有其意義，惟忽略人類社會與自然界的區別、無視社會歷史發展的自身特點，甚至將社會歷史現象公式化，其允當與否亦為有識者指評。更有甚者，如若所謂的認識，是必須經由（假設、觀察、實驗的）科學方法解釋的過程，那麼自然現象是客觀的，作為不存在主觀意志的客體，當然應該運用對待客體的研究方法；歷史現象則不同，「春花秋月何時了？往事知多少。小樓昨夜又東風，故國不堪回首月明中。雕欄玉砌應猶在，只是朱顏改」（李煜〈虞美人〉），抑或是「故壘西邊，人道是，三國周郎赤壁。……羽扇綸巾，談

笑間，檣櫓灰飛煙滅。故國神遊，多情應笑我，早生華髮」（蘇軾〈念奴嬌·赤壁懷古〉），它充滿人的主觀性，如欲將它作爲被認識的對象，能徒以自然科學方法待之？

二、歷史學與（自然）科學有別！

狄爾泰（Wilhelm Dilthey, 1833～1911）以爲自然科學方法之於人的研究，並無法全然適用。自然科學在研究實物，而被稱爲「精神科學」（人文學科）的研究對象是個別的、主體的精神，包括風俗、宗教、藝術、科學和哲學等內容，它就是生活的一切總和，也是歷史認識的主體；而歷史學家用理解，透過情感同理、創造想像與歷史人物聯繫起來。

文德爾班（Wilhelm Windelband, 1848～1915）《歷史與自然科學》（*Geschichte und Naturwissenschaft*）則從方法論與目的論說明自然與歷史的研究分別，自然研究是爲了從個別現象中找到一般關係或規律，而歷史研究則要用直觀、摹想的思維描述特殊事物。故不同於自然科學，歷史認識在於如實地描繪一個事實、研究其獨特的價值。

李凱爾特（Heinrich John Rickert, 1863～1936）《文化科學和自然科學》（*Kulturwissenschaft und Naturwissenschaft*），則賡續文德爾班的想法，文化科學和自然科學可以從研究對象、方法而有所區別；文化科學的對象既是文化，那些具有文化意義的事件，才是歷史科學要研究的對象。再者，歷史學更是對只出現一次的獨一無二的現象展開理解，所以人們無從總結出普遍的規律，強調直覺之於歷史認識的作用，從而突顯了歷史認識的主觀性。

　　從狄爾泰到文德爾班、李凱爾特，固然都指揭出自然科學之於人文學科存在著對立，即歷史的個體性、主觀性不能用自然科學的概念待之，惟由研究目的與方法並非否定其作為科學的意義。申言之，自然科學是對自然界的研究，藉由自然律則解釋其變化、得出普遍性的知識；歷史科學則是研究人的經驗、思想，能反思並理解、認識過去的精神歷程。

三、歷史的實用意義

　　「一切真歷史都是當代史」，克羅齊（Benedetto croce, 1886～1954）《歷史學的理論和實際》（*Teoria e storia della storiografia*）云：「當代史固然是直接從生活中湧現出來的，被稱為非當代史的歷史也是從生活中湧現出來的，因為，顯而易見，只有現在生活中的興趣方能使人去研究過去的事實」。試想，一個已經發生過的事實，如果它無法在現實生活中被思索，也就無法被人感受到興趣，更無法與人的心靈有共鳴的機會，那它終究是已逝的人或事；一個已經發生過的事實，它不會有歷史的性格與意義，因為歷史必須是要與生活有連結。過去和現在既有了連結，確定地、實用地的特性從而令歷史有了科學的意義；換言之，歷史是某個時代固有的理想、希望和道德價值的體現，當現實生活的發展需要歷史，死的歷史會成為活的，過去的歷史就會變成現在的。

　　「一切的歷史都是思想史」，柯林伍德（Robin George Collingwood, 1889～1943）《歷史的觀念》（*The Idea of History*）云：「自然的過程可以確切地被描述為單純事件的序列，而歷史的過程則不能。歷史的過程不是單純事件的過程而是行動的過程，它有一個由思想的過程所構成的內在

方面，而歷史學家所要尋求的正是這些思想的過程」；以凱撒之死為例，柯林伍德即以「布魯圖斯在想什麼，使得他決心要行刺」進行提問。換言之，物質本身沒有思想，作為科學的研究對象是為了呈現它們的外在關係聯繫；相對地，唯有人能有思想，可以有意識地去行動、實踐或創造，作為歷史研究的對象就是為了探索他們內在思想過程。對柯林伍德而言，追問的思想過程就是凸顯了思想讓歷史（研究）具有意義，所以歷史學（家）就是要重現過去的思想，是「為了」人類的自我認識，其價值就是在揭示「人已經做過什麼」、「告訴我們人是什麼」，而沒有思想的歷史是毫無意義的。

　　「歷史是歷史學家與歷史事實之間連續不斷的、互為作用的過程，就是現在與過去之間永無休止的對話」，這是卡爾（Edward Hallett Carr, 1892～1982）《歷史是什麼》（*What Is History*）對書名一題的回應，「沒有事實的歷史學家是無本之木，沒有前途；沒有歷史學家的事實是死水一潭，毫無意義」。歷史固不應僅是客觀地編輯事實，但也非歷史學家逕自地主觀理解；又時代變遷會有的新價值、新關懷、新方法、新視野，也會令人們得以從新檢視過往事實史料，從而發現新的意義。

　　相對於自然科學研究以歸結出普遍的、一致的律則為旨，狄爾泰、文德爾班及李凱爾特等既關注歷史認識存有著個體的、主觀的獨特性，而克羅齊、柯林伍德與卡爾等人則進一步強調從歷史事實中揭出人文精神；惟波帕（Karl Raimund Popper, 1902～1994）則對歷史認識抱持著懷疑的批判態度。在科學哲學中，波帕反對邏輯實證論，以為要評斷一個理論及其科學地位，應已可證偽性進行判準，而知識則因檢證、除錯而增長；至於歷史認識，他基於研究邏輯與方法，因歷史事實無法滿足概念上的能確定性、觀察上的可驗證性，以為歷史的進程並無客觀規律，故歷史不能預見、未來不能預知。但波帕並不因此而否定歷史研究的意義，若有一部人們有興趣的歷史，內容中與觀點有關證據都經過詳細檢證，它的歷史「解

釋」還是具有理論的科學意義。

　　縱然歷史學是對過去特定事件的描述，而非探究支配那些事件的普遍規律，惟亨佩爾以爲歷史學家的研究對象是過去，其在研究過程中一定是無法直接審視，故在方法上勢必要將現有資料與假設、「規律」聯繫起來，因爲已知並能說明的內容而可以預告事件的發生，至於這些假設含括了心理學、社會學、物理學、化學及生物學等領域的「規律」；亨佩爾即以一支軍隊失敗爲例，其「規律」的假設包括缺少食物、不利的天氣條件、疾病等。

　　最後，如要給歷史學科提出具體的內涵，羅素以爲它是科學，就是要求弄清歷史事實，更是藝術，也就是趣味性；若能有一部使人有興趣的歷史，史家勢必要對他要描述的人物、事件懷有感情。

結語

　　歷史學是對過去已發生的事實進行記錄、探究，惟隨著自然科學的長足進步，科學的方法、知識連帶地也促使人們去反思「人」的科學：以「人」爲中心，思辨歷史文明發展的進程、週期、規律與型態；以「研究對象」之別，批判自然科學、歷史科學的理論特性、知識本質與認識意義；以「研究方法」爲據，分析歷史的科學內涵、實用功能與藝術價值。

　　回到文首的大哉問，爲什麼要學歷史？把這個問題拿來問陸官生，著實耐人尋味。對大多數的大學生來說，黃埔軍校是一個國中歷史課本上就有的名詞，但只有陸官學生能有幸地能參與「歷史現場」、睦染「黃埔精神」；畢竟，要將歷史課本中的名詞變成身分，是很難被事先想像的，也

是多麼難得的經驗。從歷史哲學中去學習歷史，我們應該試著去思考歷史
發展的文明脈絡、文化內涵、變遷動力、目的意義與多元視野的世界史胸
懷。此外，歷史研究的對象是人們自己，從依存自然、適應社群，到虔誠
信仰，歷史長河中流淌的盡是人們的創造與實踐的成就。弄清事實、參照
其他學科學理能為歷史提出科學的意義，但更要以實用、藝術的價值來讓
人們對過去懷有情感，也因此連結而對自我身分有更大的認同，並對所有
文化有溫情、對所有文明能同理。

延伸閱讀 ···

王晴佳，《西方的歷史觀念—從古希臘到現在》，臺北：允晨，1998。

卡爾（Edward H. Carr），《歷史論集》，王任光譯，臺北：幼獅，1995。

沃爾什（W. H. Walsh），《歷史哲學—導論》，何兆武等譯，北京：社會科學
　　文獻出版社，1991。

柯林伍德（R. G. Collingwood），《歷史的觀念》（精選本），何兆武等譯，香
　　港：商務，2002。

黃進興，《歷史主義與歷史理論》，臺北：允晨，1993。

研究與討論 ···

1. 何謂歷史哲學？它所關注的問題有哪些？這些問題何以需要被討論？

2. 如若歷史發展是一個整體，有論者肯定其內在實有著進步的意義，試舉例說明
　 之。

3. 論者有以「唯心」、「唯物」分論歷史發展，試分別說明之。

4. 同樣都是強調世界是多元文明的構成，史賓格勒與湯恩比的主張有何不同？

5. 歷史學是一門科學嗎？請舉例說明之。

6. 為何要強調歷史的實用意義？請舉例說明之。

7. 對你（妳）而言，從歷史哲學中學習了什麼？請舉例說明之。

第七章　科學哲學

第一節　科學、自然哲學與科學哲學

　　在今日的生活中，「科學」一詞已被人們琅琅上口，諸如「這個說法『科學』嗎？」、「這根本就是迷信，並不『科學』！」、「用『科學』的態度面對問題」等等。只是當「科學」被慣習地使用當下，我們又領略了它多少的內涵，諸如「什麼是科學，什麼是非科學？」、「怎麼樣才算是科學？」、「科學要如何確定？」、「科學是否能完全肯定？」等。

　　按「科學」一詞乃爲外來漢字，係由日人西周（1829～1897）將science譯作「科學」（かがく），寓有「分科之學」之義，即分門別類進行研究的學問；事實上，「科學」的英文science字源爲拉丁文*scientia*，是古希臘文*ἐπιστήμη*（episteme）的同義譯字，皆作「知識」解。換言之，將science逕謂爲「分科之學」，抑或是今日吾人慣性地理解爲自然科學，都與「知識」的古義有差。

　　戴維・林德伯格（David C. Lindberg, 1935～2015）《西方科學的起源》（*The Beginnings of Western Science*）嘗針對過往人們對科學的幾個認知進行概括地描述，包括：（一）人類藉此獲取對外界環境控制的行爲模式；（二）科學是理論型態的知識體系，從而有別於應用理論知識來解決實際問題的技術；（三）理論的陳述爲一般、定律的形式，最好以數學語言表達；（四）爲探明自然奧祕和證實或證僞某一有關自然特性理論的實驗程序；（五）科學應是個人獲取、評判知識的方法；（六）科學依據其陳述的內容藉以體現具體的自然信念，如物理學、化學、生物學或地質學等；（七）具有嚴格、精確或客觀等特性的過程。綜觀戴維・林德伯格所揭「科學」意義的諸面向觀之，其內容大體含括了三個層次，首先是認知應用的層次，藉由技術操作解決生活問題；其次是思辨實踐的層次，能對外在事物的實際眞相具體說明；其三是批判創造的層次，透過自發性的

態度、嚴謹的方法進行研究，在不斷的尋求、發現新理證中顯現知識的力量。

由史前文物考古研究顯示，從使用火、石器的工具應用，已至從採集、狩獵到農耕、畜牧的生產模式，又如兩河流域、尼羅河古文明所揭示的製陶、曆法、冶煉等技藝，以及聚落遺址所見文字使用、階級關係、信仰狀況等，皆可見先民之於自然環境的生存對應能力與具體成果。其中，認知應用的層次表現在農耕、畜牧的生產模式，思辨實踐的層次表現在製陶、曆法、冶煉等技藝，至於批判創造的層次，則表現在知識階層利用文字、信仰構築適應生活的社會空間與文化型態。申言之，回顧人類古文明的開展，其內在固有進步的意義，但我們能因此就否定它不是「科學（知識）」引致的結果嗎？

再者，古希臘時期的哲人之所以被稱爲愛（*philia*）智慧（*so-phia*），是因爲它們留心身邊的所有人、事、物，追根究底地去問原由，企圖在看似分雜無章的現象背後能洞見根本的、普遍的道理與價值，而從中獲取的所有知識能繼續被學習、實踐與創造。拉丁文的「*scientia*（科學）」既與古希臘文的「*ἐπιστήμη*（知識）」同義，就是要追根究底地追問原由並獲取知識。

就在古希臘哲人對身處世界的所有現象進行追問、思辨的過程中，有針對自然環境作爲探求對象者，故有自然哲學一支；他們思考著：自然世界是什麼構成的？如何構成的？構成的成分是單一的？如果不是單一，那還有哪些成分？它們如何運作？就在這些提問中，他們也注意到物質及其型態變化，於是繼續追問：這些物質的所以由？什麼原因造成變化？變化的過程？物質會不會轉化爲其他物質？它們關注的面向越來越廣，好奇地去面對諸如自然世界的物種、自然世界的形狀與位置，已至天象天文的想像等。

隨著自然哲學的發展，從中也逐漸具體出一個有秩序的、規律的哲人

「宇宙論」世界，並關涉形上學與後來的神學。他們以為自然世界展現出一種理性的秩序，包括行星運動、季節嬗遞，以及自然物體的規律行為；而人所以能實現自我，亦是因理性能力見於人自身之故。因此，就在哲人「宇宙論」世界中產生了自然法（natural law）的觀念，它決定了自然物質的相對位置，也決定了人社會的階級與地位，也令人去省思靈魂中的理性、感性與欲望。

自然哲學亦是西方科學起源之屬，彼時哲人探究自然環境的這個過程中，堅持理性、不講神靈，憑藉著思辨來推測，他們提問「如何？」、也問「為什麼？」，他們關心的自然世界背後的、內在的目的，因為相信人的心靈是可以把握自然進程。

至於西方現代科學的展開可上追溯至17世紀中葉，惟探究過程所強調的假設、觀察等都是據個人的思維與經驗展開，故人對自身感受的認同至為重要，也勢必與中世紀的神學信仰產生衝突，再加上科學研究成果日豐，使得其知識內涵與意義又進一步被關注。換言之，以科學為對象進行探索的論題，就是科學哲學（Philosophy of Science）關注的內容。應該如何認識科學哲學是一門什麼樣的學問？或許可以這樣試想，如果由哲學的角度來看待科學並進行提問，那作為「科學」，它的特徵為何？它的內在有那些規律意義？在生活中，我們常會聽到有關「科學新發現」、「科學新發明」的描述，如若這是重要的、被肯定的、也是令人欣悅的，我們是不是也應該去了解這些發現與發明的背後，也就是被定義為「科學」探索的過程。例如，觀察的程序、論證的模式和表述的方法，它們是如何被哲學思辨，如同邏輯方法來獲得確認或評估有效。所以科學哲學關涉了知識論的問題，是哲學的一個分支。

第二節　科學哲學興起的背景

　　羅馬皇帝狄奧多西（Theodosius I, 347～395）頒令（380）禁止異教，基督教（會）不僅取得國教地位，更是在帝國傾頹後承繼古典文明的重要力量；惟憑藉教會而欲令新世界能與舊世界相連，固然必須思辨上帝存在、信仰與理性的關係，如聖奧古斯丁《論自由意志》（*On Free Choice of the Will*）肯定上帝比人的理性更優越、一切思想以上帝爲中心；至於歐洲中世紀在教會學校傳授的、以神學爲背景的哲學（士林哲學，scholasticism），則逐步發展出神學高於哲學、啓示高於理性、知識服從信仰的內涵。

　　承上，中世紀哲學的宇宙觀是地心說（Geocentrism），認爲地球是宇宙的中心，它是靜止不動的，而被月球、太陽以及其他行星天體所圍繞，而在地球的上層則有著不動的推動者（Unmoved Mover），也是神學中上帝所在之處。1543年哥白尼發表《天體運行論》（*De revolutionibus orbium coelestium*），通過推理以爲將太陽和地球的相對位置調換，更能適切展現天體運行圖況，主張地球不是宇宙中心，它同其他天體一樣，是繞著太陽的普通行星。

　　1600年，布魯諾（Giordano Bruno, 1548～1600）被控肯定哥白尼「日心說」（Heliocentrism）、抨擊基督教義的異端思想而遭火烙死刑，十年後的伽利略（Galileo Galilei, 1564～1642）用望遠鏡發現天空，《星際信使》（*Sidereus Nuncius*）刊布了月球有山谷、太陽黑子、銀河星群、木星行星系統等他的觀察與發現，也把哥白尼的說法變成可證的事實，更再次激化了理性與信仰的衝撞；對教會而言，上帝對個人施予拯救比行星的運動重要，要求伽利略不得再教導與捍衛哥白尼的觀念——地球圍繞太陽運動，而太陽是世界的固定中心、從不由東向西運動。1632年，伽利略

仍因《關於托勒密和哥白尼兩大世界體系的對話》（*Dialogo sopra i due massimi systemi del mondo, tolemaico e copernicano*）而遭受教廷異端裁判，被迫撤回異端謬見並監禁至死。從伽利略的遭遇表明了一個現象，當人從面對物理事實出現在眼前或腦中，已至在感覺和理性中引起的回應，從而將可證的事實確定爲知識的這件事，是否應當是理所當然？伽利略或許未料想到的是：上帝要他放棄使用祂賜予的天賦。

　　有別於伽利略的困境，對培根（Francis Bacon, 1561～1626）而言，眞正的知識就是有用的知識，眞理即是觀察與理性的結合，唯有從科學（方法）才能獲得知識、眞理。培根於1620年出版的《新工具》（*Novum Organum*）中提出歸納法（Inductive Method），是一種經驗主義（empiricism）的求知立場，以爲有效知識的唯一來源是感官經驗，指出：在得出結論之前應該廣泛地蒐集明細的樣本，然後進行實驗，試圖從具體事實中得出一般結論，「若不能借助精確的實驗去考察自然，我們永遠不能眞正地理解自然」，對於治學工作主張應扣緊理論與實用，更強調實作應當在建構理論之前。

　　1642年的歐洲送走了伽利略，也迎來了牛頓（Isaac Newton, 1642～1727），《自然哲學的數理基礎》（*Philosophiæ Naturalis Principia Mathematica*）系統地陳述運動定律、萬有引力定律，應用培根歸納法探索引力問題，解釋伽利略之於落體發現、克卜勒（Johannes Kepler, 1571～1630）之於行星運動的知識，提供處理物體運動與變化的數理工具。惟牛頓描述了重力作用在宇宙中的普遍性意義，卻沒有去推測它運動的原因；換言之，對牛頓而言，宇宙爲何運動無法用他的方法來證明，而他的定律也只是在說明宇宙是如何像機器般準確運轉。故近代自然科學理論從how、what出發提問現象、揭示過程，但沒有用why來追究目的，再加上理論形式、實驗方法、工具使用，這些特徵勾勒了自然哲學和現代自然科學之別。

　　17世紀中葉以降，歐洲自然科學研究出現突破性的進步，被認爲是現代科學在歐洲的起點，故治史者以科學革命（the Scientific revolution）稱之。這段時期包括天文學、數學、物理、化學、生物學、醫學等皆取得具體成果之餘，科學知識也使人們改變對事物的看法、面對世界的態度；如知識分子治學不再強調尊古、重理論的傳統，改採唯理論證、講究實用，至於天文學更讓宗教信仰與自然科學有了無法跨越的鴻溝。又科學研究得出的通則、定律也強化了古典時期宇宙論、自然律的認同，故理性思維、現實經驗、人文精神被人們欲趨看重、依賴，而和諧、有序、進步的價值信念，亦被認同與肯定，並訴諸科學方法藉以探求並解決問題。而由上揭伽利略、培根到牛頓所揭科學知識的內涵，包括理論與實際的結合、以實驗方法證實新說與數學語言表現定律等特點，連帶地也帶出了科學與非科學的界限、科學發現的方法與模式的哲學反思，即以科學爲研究對象的科學哲學。

第三節 科學哲學中的三個理論

　　如果能從古文明的遺跡作爲科學歷史的起頭，包括自然哲學的思辨、經院哲學的宇宙觀，已至因科學方法、科學理論所標誌的現代科學，走過的兩千年體現的是人（哲學）與自然（科學）的關係，用哲學繼續反思、提問科學（知識）的內涵、意義，科學哲學無疑是一門專業的學科。陳瑞麟嘗總結科學哲學百年發展的理論軌跡，「二十世紀初的科學哲學家從邏輯取向切入，主要對準科學理論與檢驗的邏輯結構；六十年代開始從歷史取向切入，研究科學歷史演變的模式；八十年代認知取向興起，科學哲學家研究科學的概念和模型的認知，以及科學推理的模式；同樣約在八十年代，一些研究者看重科學與社會的關係，因而從社會學的取向切入，研究社會如何影響科學知識和科學知識的演變」；《科學哲學：理論與歷史》即由前孔恩、孔恩與歷史取向、後孔恩三個時期，用以概括西方科學哲學之況，其中，前孔恩時期包括邏輯實證（經驗）論和波帕的否證論；至於後孔恩時期的科學哲學，則圍繞著科學實在論與反實在論、社會建構論與「科學戰爭」、科學結構與發展的模型與演化觀等三個議題。以下謹分就邏輯實證論、否證論，以及科學歷史主義等三個理論做引介敘述。

一、邏輯實證論

　　顧名思義，實證是實際驗證的意思，指的是對於無法被經驗的事物應該拒絕接受。孔德（Isidore Marie Auguste François Xavier Comte, 1798～

1857）《論實證精神》（*Discours Sur L'esprit Positif*）指出人類探究眞理的歷程係經過神學（人們憑直覺認識加以神靈信仰而以爲一切自然現象有著不變規律的普遍知覺）、形上學（人們在神學體系的原則下運用推理來解釋事物與現象）以及科學（人們透過觀察追求絕對知識，了解被觀察事物、現象之間的關係）等三個不同的理論階段，「眞正的實證精神主要在於爲了預測而觀察，根據自然規律的普遍不變的普遍信條，研究現狀以便推斷未來」，並強調實證（positive）的意義，包括眞實（與虛幻相對）、有用（與無用相對）、肯定（與猶疑相對）、精確（與模糊相對）等；換言之，孔德期望透過對外在事物的觀察、歸納，從經驗中獲取知識，以證實的事實爲據提出規律，其實證哲學即體現其面對人類世界的科學態度。而在大洋對岸的彌爾（John Stuart Mill, 1806～1873）則逕謂科學知識是來自於經驗，並應用實驗研究方法，藉以發現事物之間的因果聯繫與規律。

1929年，〈維也納學圈的科學世界觀〉（Wissenschaftliche Weltauffassung. Der Wiener Kreis）的發表，揭出了邏輯實證論（Logical Positivism），以爲只有科學能產生知識，強調語言的邏輯分析與科學的經驗證實；作法上，要對所有的問題進行檢驗，檢驗過程要設定判斷的標準和規範，然後再進行歸納確證，無法檢驗的問題就不是科學，也無法成爲知識。

科學知識既然必須是以經驗爲據、邏輯爲用，故邏輯實證論爲科學與非科學提出了定義，如學圈成員之一的石里克（Moritz Schlick, 1882～1936），逕稱命題的有、無意義在於它的證實方法，意味著透過觀察來確定命題的意義，無法被定義、證明或否定的，都不可能是知識。惟學圈另一成員卡爾納普（Rudolf Carnap, 1891～1970）《世界的邏輯結構》（*Der logische Aufbau der Welt*）認爲石里克的實證原則太過絕對，一切科學體系原則都是帶有概然率；此外，許多科學的普遍假設或理論也無法以

直接經驗證實，故改可證實性的原則代之以可確認的，遂另有邏輯經驗論（Logical Empiricism）之稱。

其次，經驗固然是提供知識的來源、能提供被檢證的事實，而邏輯或數學則是恆眞句、是有意義的陳述，所以在尋求被確認爲知識的過程中是需要數學、邏輯進行推理和表述；故卡爾納普主張所有有意義的陳述皆可轉譯爲物理語言，因爲物理語言是科學的普遍語言，而科學內在就是一個統一的系統。申言之，維也納學圈相信科學能增進知識成長，更懷抱著統合科學的企圖，期望利用邏輯分析發現基礎語句以貫通不同學科的發現。然而，從檢證經驗到物理語言，邏輯實證論所關注的科學知識，終究就是唯有自然科學之屬，在同樣的定義標準下的人文、社會學科，抑或是美學、倫理學，或有被否定之虞。

最後，邏輯實證論者既強調科學知識係爲感官經驗的證實，建立在理性、客觀、先於理論的觀察之上，經過歸納實驗的過程而得到，是對眞實世界描述的絕對眞理。換言之，相對於培根歸納法所示「假設－檢證」的內涵，邏輯實證論聚焦在「觀察－檢證」的部分，由於觀察是被動的、接受的知覺歷程，故對於主動的假設提出、創造發現的反思則相對有偏。

二、否證論

如果科學知識是來自於經驗、建立在觀察（綜合、分析）命題的基礎上，被確定（有意義）的命題是否需要繼續檢驗？石里克以其爲確認命題而否定，惟卡爾納普則以爲命題在原則上是一種假設，它並非不會變動，所以科學知識仍應繼續被檢證。波帕（Karl Raimund Popper, 1902～

1994）《科學發現的邏輯》（*The Logic of Scientific Discovery*）則對邏輯實證論提出進一步的辨駁，反對以經驗作為科學知識判準的唯一對象，因為科學發現沒有邏輯的存在，認為歸納法無法推出一般結論。

首先，歸納法以觀察為基礎，觀察的每一個對象終究是個別的，縱然觀察案例已達可觀樣本數，仍不能以其中存在著某種相類的性質而就此認定其於所觀察（所有）對象是普遍的、絕對的。

其次，科學知識的增進始於發現問題，而非客觀的觀察。對波帕而言，科學研究並非如邏輯實證論者所謂以經驗為據準確認知外在世界，應該是科學家為了解決發現的問題而提出猜測與假說，所以其內在一定存有許多錯誤；有別於邏輯實證論，科學家的工作不是為了證實命題，而是要否證命題（Falsificationism），以明其無據或錯誤。

其三，科學的發展實是臆測和反駁的歷程。真正的科學知識必須不斷地接受否證，排除錯誤與保留未被證偽的部分；故沒有一個科學知識是真理，而是「近似」真理。當某理論無法解釋現象和回應問題時，它將被新的理論取代。

其四，波帕也為科學與非科學的劃界做出定義，即證偽的可能性。能被否證者即為科學，是「近似真理」的知識，它的增進並非積累的，而是進化的；不能被否證者即為非科學，是教條、信仰。

其五，波帕以為知識的來源包括天生的、文化的、傳統的、直覺的、想像的，或讀書、觀察而得的，它們都需要面對檢驗和批判；而科學家是真理探求者，秉持著批判性的思考，面對問題發現錯誤、尋求方法，或試著提出新的猜想或假說。

波帕利用否證論引伸出「批判—創造」的科學進化歷程，故否證的本質即是批判；惟對於問題發現的所以然，僅謂是非理性的因素，或創造性的直覺。故孔恩（Thomas Samuel Kuhn, 1922～1996）稱波帕是「素樸的否證論」（Naive Falsificationism），以為無論是證實、還是否證，都

仍只是邏輯應用，從而對否證方法的創新意義感到懷疑；換言之，對孔恩而言，波帕所肯定的證僞與否來界定科學、非科學的原則，與其說是方法的，毋寧說是教條的。

拉卡托斯（Imre Lakatos, 1922～1974）《科學研究綱領方法論》（*The methodology of scientific research programmes*）雖沿用孔恩所謂「素樸的否證論」的指稱，反對波帕以個別經驗的「否證」來批判理論，仍另提出「精緻的否證論」（Sophisticated Falsificationism），強調任何理論都不是孤立存在的，而是相互連繫、具有嚴密的內在結構的完整理論系統，而科學創新係因理論間相互批判。拉卡托斯以爲，當新理論較舊理論能有或含括更多的內容、並且得到實驗的確證，則新理論即取代舊理論；相對的，一個理論即使被否證，仍有相當於眞理的內容，而新理論所以能成功否證，係因其與眞理更近，也可能再被其他「近似眞理」的理論所取代。

三、科學歷史主義

歷史主義（Historicism），企求從歷史發展中尋求模式、法則，黃進興《歷史主義與歷史理論》云：「相信歷史知識爲人類活動最重要的指標，藉著歷史，人類可以評價、了解生活的一切，因此社會與個人的經驗皆可規範到歷史領域來；也就是說，任何事物的性質可由其歷史發展的過程來掌握，任何事物的價值可由其本身的歷史來判斷」，故歷史主義是世界觀，也是方法論。

有別於邏輯實證論，抑或是否證論，皆以科學、非科學的界限及其規

範為研究主題，孔恩以為真理的存在不應以邏輯為限，個別理論的形成係因不同的假設及經驗而無法比較；故其《科學革命的結構》（*The Structure of Scientific Revolutions*），從科學史的角度，以動態的觀點取代邏輯分析的形式，描述科學的意義，因此有「科學歷史主義」（Historicism of Science）之謂：

1. 典範（Paradigm）、解謎（Puzzle-solving）與常態科學（Normal Science）。paradigm源為希臘文paradeigma，有模式、模型之義，它能解決問題，也留下許多問題供人繼續研究。一旦某個理論擁有典範地位後，在這個領域內的所有活動都必須以它為準則，包括決定這個領域應該研究的問題，以及解決這些問題的方法，孔恩稱之為「解謎」；至於領域內的工作者不能對它提出質疑、必須遵守它的規範，此一景況即是「常態科學」。

2. 科學社群（Scientific Community），指的是在常態科學的階段，遵循相同典範的科學家們，他們蒐集由典範指出的事實、試著證實典範與大自然一致、試著拓展典範可適用的範圍、解決典範仍有的曖昧不明之處、解答已注意但未深入的問題等，而從中所揭典範的意義即在於事實和現象的解釋或預測能力。

3. 「科學革命」（Scientific Revolution），指的是新、舊理論交替的階段。常態科學不預期出現新事物、不鼓勵新理論發明，惟如果常態科學階段的科學家們所蒐集到的事實，有愈來愈多是典範無法解釋的異常，這將會迫使社群再也不能漠視、迴避，於是他們即在危機中展開非常態科學活動，出現新理論，從而建立新信念、新典範與新世界觀。

4. 必須指出的是，與前揭邏輯實證論、否證論相較，從常態科學到科學革命所見科學發現的本質，係由於研究者的信念，從發現異常、探索異常展開，最終以調整典範為結，突顯科學知識進步是（動態）革命的，而非（靜態）積累的。

　　最後，孔恩從科學史的脈絡下拉出了科學發展的長河，即前科學（Pre-Science）→常態科學→科學危機→科學革命→新常態科學→新科學危機→……；其中，前科學是指該時期尚無可被公認的典範，則科學與非科學的界限即以典範存否爲準。

結語

　　邏輯實證論者致力於尋求確實的科學知識，而波帕則肯定證僞批判能令理論接近眞理，兩者都仍在理性思維、邏輯推理之下思考（非）科學問題，也分別將證實、否證的原則絕對化；孔恩則以歷史爲方法，進行科學知識結構的遞異的動態考察，從中體現人自身的存在價值，而拉卡托斯「精緻的否證論」則顯示其在波帕、孔恩間的思想調和與科學的理性肯定。必須肯定的是，從邏輯實證論、否證論到科學歷史主義，其間所揭多元的論點內容，適足反映科學之於現代世界的重要意義；相對的，其間所揭分歧的思想主張，亦肯定對於以科學爲研究對象的哲學反思、批判亦不會停止，如科學實在論。

	邏輯實證論	否證論	科學歷史主義
科學研究方法	歸納法形成理論	演繹檢驗理論	遵循典範
科學知識發展	觀察的、累積的	批判的、進化的	革命的
科學知識判準	經驗證實	批判證僞	典範的遞異
科學理論地位	絕對眞理	接近眞理	持續解謎
科學家的態度	客觀檢證	懷疑批評	尋求更多事實

回到文首的提問，我們對「科學」的理解為何？如僅以「分科之學」來理解，藉由分門歸類來概括廣博的知識，讓學習者能專業於領域內學理的探索，放眼知識地圖確實能看到廣度；但要由科學來肯定知識的性質、方法與意義，卻是猶有不及。走過中世紀的歐洲，科學革命令有識之士留心外在世界，用理性思考、經驗事實、實驗方法、邏輯推理來確認真相與真理，也從歷史主義的世界觀中勾勒科學發現的脈絡。科學哲學透露了我們面對科學（知識）的求知態度，包括：對方法要嚴謹、對真理要渴望、對思辨要堅持、對批判要肯定、對創造要熱情，對歷程要回饋。

延伸閱讀 ....

孔恩（Thomas S. Kuhn），《科學革命的結構》，程樹德等譯，臺北：遠流，
　　2017。

史蒂文・謝平（Steven Shapin），《科學革命：他們知道了什麼、怎麼知道的，
　　他們用知識做什麼》，許宏彬等譯，新北市：左岸，2016。

理查・迪威特（Richard DeWitt），《世界觀：現代年輕人必懂的科學哲學和科
　　學史》，唐澄暐譯，臺北：夏日，2015。

陳瑞麟，《科學哲學：理論與歷史》，臺北：群學，2010。

愛德華・多尼克（Edward Dolnick），黃珮玲譯，《宇宙的鐘擺：從天使魔鬼、
　　煉金術走向科學定律，現代世界的誕生》，臺北：夏日，2014。

研究與討論 ....

1. 何謂科學哲學？它所關注的問題有哪些？這些問題何以需要被討論？

2. 試問自然哲學的內涵，及其與現代科學發展的關係。

3. 試說明科學哲學興起的背景。

4. 試問邏輯實證論的訴求及其主張。

5. 試問波帕提出否證論的原由及其主張。

6. 試說明孔恩「科學歷史主義」的內涵及其主張。

7. 對你（妳）而言，從科學哲學中學習了什麼？請舉例說明之。

第八章　政治哲學（一）政治義務的基礎

第一節　何謂政治哲學

一、國家、政府與政治

　　古希臘哲學家亞里斯多德認爲國家是一種天然的產物，他在其《政治學》（*Politics*）開篇不久就提出「人天生是政治的動物」。亞里斯多德指出，比起蜜蜂或其他任何群性動物，人才是政治動物。只有人才有善惡感、正義（justice）及不正義感等，具有此種感覺者聯合而成家庭、村落以至形成「城邦共同體」，亦即「國家」。正義被用來約束國家中的人，乃是政治社會秩序的原則；國家則是爲了依據正義進行決策，以追求最高的善而存在。

　　亞里斯多德的國家起源論告訴我們，「政治」一般都被視爲與國家有所關聯。事實上，政治（political）一詞源自於希臘文：「polis」，意指「城邦」（city-state）或「組織化的社群」（organized community）；而「城邦」居住之主體爲「公民」，因此「政治」原本是指「與城邦公民有關的」、「公共的」活動或城邦治理。當今國家（state）指涉包含人民、土地、政府與主權等要素的合法政治實體（legal entity）。政府（government），不同於其他社會組織（如家庭和團體），是被賦予治理國家權力的社會組織，而政治涉及政府決定公共政策（public policy）的決策過程。政府制定法律並影響其管轄領土內的所有人，不論人民的意願爲何，政府所制訂的規範對其人民有絕對的約束力。政府最重要的特徵之一，在於它是唯一可以合法使用武力權威的社會組織。

　　孫中山（1866～1925）先生曾說：「政是眾人之事，治是管理，故管理眾人之事即是政治。」政治既是管理眾人之事，就必須運用權力才能

達成管理之效能，以對社會之稀有資源——財富、地位與權力——進行合理、公正的分配，所以政治還具有權力運使的涵意。權力（power）意指影響人們從事非自願行為的能力，拉斯威爾（Harold D. Lasswell, 1902～1978）在其《政治：誰得到什麼，何時得到，如何得到？》（*Politics: Who Gets What, When, How*）書中指出，「政治就是權力，有能力透過任何手段以達成預期的結果」。政府的權力是一種合法的權力，稱之為「權威」，也就是發布命令使人服從。在此定義下，似乎意味著只要「合法」，政府就有權力可以為所欲為（可為但非必然為之）。

政治權力的運使主要是對稀有資源進行分配。伊斯頓（David Easton, 1917～2014）在其《政治體系》（*The Political System*）一書中，認為政治生活構成人類社會體系的一個部分，即政治體系，並將「政治」界定為「權威性的價值分配」。在現代社會中，政府在資源配置方面，扮演日益吃重的角色，政府就是享有分配稀少資源的權威。因此柯利克（Bemard Crick, 1929～2008）於《政治的辯護》（*In Defence of Politics*）一書中對「政治」有更明確的定義：「政治是在特定規則之下各種利益相互折衝的活動，並依其對整個社群生存與福祉重要性的比重，來分配權力的大小。」

二、政治哲學之意義、性質與運思歷程

綜合上述可知，管理眾人之事即是政治，而研究一個國家管理眾人之事的學問，就是政治學。政治學主要在討論政治、國家、政府、政策、權威及權力等（政治活動或現象的學科）用詞所引出的事件；至於政治哲

學則以哲學的方法、形式來探究政治的問題，亦即是對於國家及其相關觀念（如自由、平等、正義、權力）的哲學思維之運用，以為政治運作建立「規範」或理想的標準。

　　從學科性質言，政治哲學是一個規範性（normative）學科，強調「事情應然為何」（how things should be），亦即思考：什麼是對的、公正的，道德上是正確的，進而嘗試建立準則──各種政治規則與想要追求的政治理想或標準。當然政治哲學不會只狹隘地進行「規範性」研究，它通常會留意政治事務的實然面，才能立論有據。所以政治哲學也觸及實證性（positive）研究，以先了解「事情的實然為何」（how things are）。

　　其實，政治本來就可以透過規範性與實證性兩種不同的基點來加以研究，只是政治學家基於研究傾向、興趣而有不同的取捨。一般政治學家或社會學家會採用實證的研究，討論在一個既存社會中，事物實際上是如何分配的問題（actual distribution of goods）；例如，中華民國的財富分配情形為何？在總統制、內閣制或雙首長制國家中誰是真正握有實權的人？政治哲學家當然也對這些「實證」問題感到興趣，但是他們關注的焦點不是實然問題，而是應然問題。政治哲學家關注的面向是：應該用什麼標準與規範來控制社會中資源或事物（goods）的分配（此處「事物」的意義，並非僅指財富，還包含權力、權利、自由等意義）？政治哲學家不會問「財富是如何分配的？」而是會問「如何分配財富才是公平正義的？」他們不會問「人們有什麼自由與權利？」而是會問「人們應該要有什麼樣的自由與權利？」這就是說，政治哲學家所關注的，是應該要透過什麼樣的理想標準與規範，來對社會中的資源或事物進行最公正的分配。

　　於此必須強調的是，想要將政治的規範性與描述性研究之間的界限，做一清楚的區別畫分，並不是一件容易的事。想想為什麼我們會對「誰持有財富」這種實然性的問題感興趣？因為財富分配這種問題，本身就常與所謂「公平正義」這種規範性研究緊緊相連。此外，像是討論人類

舉止行為有關的議題，通常都會橫跨實證性與規範性兩個研究範圍。例如，當一個社會學家嘗試探討「人為什麼會守法？」這個行為時，他會把經過實證性檢驗的事實，解釋成規範性的答案，像是「頗多的人認為自己應該要守法」。反過來講，規範性研究中往往也需要運用人類行為中實證性事實來辯明，例如一個討論正義社會的規範性理論，就需要去了解什麼是人類的行為動機。也有一些正義理論曾做一些假設，認為人類有（或沒有）利他的天性，並借助相關實證性的知識來辯明。簡言之，研究「事情的實然」會有助於解釋「事情的應然」，研究「事情的應然」也脫離不開「實然」的實證性知識。

政治哲學是哲學的一個分支，它是對於國家觀念的哲學運用，其具體運思歷程（理性運作歷程）包括澄清概念、設定判準、建構系統。許多政治哲學討論的價值概念，其意涵常是模糊歧異的，例如自由、平等、民主、正義等這些概念都是如此，因此必須對這些概念的涵意或與另一概念涵意間的邏輯關係（如權利與義務）進行嚴謹的定義，以化解概念上的歧異。概念的澄清甚為重要，它是設定判準的基礎，例如，若我們欲辯明贊成民主政治而反對其他的政治，我們首先必須清楚理解民主、自由、平等這些價值概念的意義，因為這些概念是構成民主政治原則的主要部分。設定判準是指對價值信念建立一個判斷──辯明的標準。所謂「辯明」（justification）是指對於對價值信念的評估──接受（贊成）或拒絕（反對），給予它合理的辯明的理由。建構系統則是希望應用哲學尋求合理的理由（判準的設定或信念的評估），以接受值得行動的命題（那是對的或是我們應該做的），或拒絕不值得行動的命題（那是錯的或我們不應該做的）。只是建構系統是哲學最大的挑戰，畢竟何謂「理想社會」的形式或標準終究在現實政治中難以實現，只能期望藉由不斷的「辯明」，逐次引領人類社會朝向理想的社會形式邁進。

第二節　政治哲學研究的範疇與重要議題

一、政治哲學的研究範疇

探討從古至今，政治哲學研究的範疇有三：政治價值、政治制度和政治理想。政治價值涉及的是政治哲學的價值理論，政治制度涉及的是國家理論，而政治理想涉及的是傳統上所說的烏托邦理論。雖然政治價值、政治制度和政治理想三者所指涉的領域是不同的，卻是密切相關的。

（一）政治價值

價值理論是政治哲學的基礎，如前所述，哲學研究是應然問題之研究，關注的是「我們應該做什麼」。價值是我們追求的東西，它指引「我們」去做什麼。這裡強調「我們」是要與「我」—個人價值有區分；指引「我應該做什麼」的東西是個人價值，而指引「我們應該做什麼」的東西是政治價值。個人價值可能因人而異，而政治價值則是公共的。在不同的時代和不同的社會，人們所追求的政治價值是不一樣的，這是因為價值畢竟不是事實，並沒有一個普遍承認的方法以及一致性的標準，以決定在許多矛盾的價值中何者能被視為事實的或客觀的。不同的政治社會對於政治價值有不同的矛盾觀念，有的國家採取民主政治的原則，有些國家卻採取和民主政治矛盾的共產主義的原則，我們如何能夠合理地辯論並贊成某一個而反對另一個？

在當代社會充滿了各式各樣的政治價值，如自由、平等、權利、集體利益、公共福利和共同體的善等等。不同的政治哲學派別把不同的政治價

值置於優先的地位，例如，自由主義把自由放在第一位，社群主義把共同體的善放在第一位，社會主義把平等放在第一位。某種主義把某種政治價值放在第一位，並不意味著它否認其他的價值。例如，自由主義雖然把自由放在優先的位置，但是它也追求平等、權利、公共福利等價值，只不過它主張自由優先於其他的價值。

（二）政治制度

　　政治制度涉及的是國家理論，是傳統政治哲學的一項中心概念與基要主題。如果說道德哲學的對象是個人，告訴個人應該做什麼，那麼政治哲學的對象就是國家，它告訴國家應該實行什麼樣的政治制度。實行什麼樣的政治制度與重視什麼樣的政治價值是相關的：一方面，政治制度應該體現出被認為是最重要的政治價值；另一方面，政治制度也應該為每一個公民享有相關的政治價值提供保障。例如，目前西方大多數國家實行的政治制度被稱為「自由主義的民主」，它體現了主流政治哲學（自由主義）最重視的價值——自由，也為公民的自由提供了保障。

　　國家是一種普遍的政治組織形態，也是到目前為止人類最大的政治實體。國家對於人類生活有重大的影響，對於人類的政治生活有決定性的作用，已是人類社會生活不可缺少的一種制度。所以自有政治哲學以來，「國家的性質如何？」一直是討論得最為熱烈的問題。蓋人類莫不面對此一極為奇特的現象——他們愛好自由，然處處又要受國家的約束，正如盧梭（Jean-Jacques Rousseau, 1712～1778）的政治學經典《社會契約論》（*Du contrat social ou Principes du droit politique*）以此句開篇：「人生而自由，卻無往不在枷鎖之中。」在非常的時代，國家號召人民為延續「大我」的生命而犧牲；為了國家的光榮，人類每不惜兵刃相見，以血肉之軀

來建立國家的長城。國家的權力如此之偉大，它的性質究竟如何，無怪許多人要加以追問了。

　　多數學者發現國家均由統治與被統治的關係形成，如無此種關係存在，即無所謂國家。所謂統治與被統治的關係，即統治者擁有強制的權力，而被統治者必須服從的政治現象。霍布斯（Hobbes, 1588～1679）曾明確地指出了這一點，他對統治與被統治的關係做了如下的闡述：「一是誰競爭（compete）權力，一是被統治者服從（submit）贏得權力者的必要性。」在這樣的權力關係之下，如何對國家權力進行限制，遂成為國家理論不可或缺的部分。如果未能對國家的權力有所限制，國家就有可能濫用權力，侵犯個人。

（三）政治理想

　　烏托邦理論表達了政治哲學的理想。政治哲學是實踐哲學，乃係為社會和政府建立「規範」或理想的標準。政治哲學一方面要批判、揭示現存社會的各種缺失和不正義，同時也提出一種令人憧憬的政治理想。這種指向未來的政治理想通常被稱為「烏托邦」，這個最好的例子，就是柏拉圖《理想國》（*Plato's Republic*）一書中所描繪的理想社會或烏托邦。柏拉圖或許真的想要建立一個理想的社會形式，不過，我們也要進一步理解柏拉圖描繪理想社會的真實目的，乃在批評現存社會，而且要增進我們對於一般政治價值概念的了解（如「正義」）。

二、政治哲學的重要議題

　　根據政治哲學研究的三個範疇，我們可以從中析理出政治哲學研究的兩個中心議題：一是「誰獲取什麼？」（who gets what？），一是「誰做的決定？」（says who？）。第一個議題是討論物質財富、權利與自由分配的問題；易言之，人們是在什麼基礎上擁有財富？他們又應該擁有什麼樣的權利與自由？對此，政治哲學家所關心的是「分配正義」的問題，亦即應該用什麼標準與規則，來控制社會中資源與事物的分配？這涉及關於國家性質的一個關鍵性問題，即「再分配」。經長期的發展，人類社會已是一個分配稀有事物的系統，而這些資源的分配並不平等；自由與平等通常是互斥的，倘若我們擁有其中一個多一點，則另一個就會相對少一點。對於古典的自由主義而言，私人財產是個人自由的體現，國家若介入資源再分配，將腐蝕公民權利與危害政治自由。他們相信市場能解決一切問題——資本主義的市場機制，不但維持了生產的效率，而且也維護了分配的公平。這樣的學說，誘發了強調平等的社會主義哲學家馬克思的抨擊。馬克思認爲工業資本主義透過市場的分配體系，是一種剝削制度，勞工所創造出來的利潤、財富，絕大部分被資本家所奪走。在工業的社會中，資本家階級透過掌控生產工具而宰制了整個社會，因此資本主義不會對充沛的資源做公平的分配，更難以造就一個公平社會的境界。

　　上述問題正是：當我們在思考什麼樣的環境對人類福祉才是必要的問題時，將會產生的差異，唯有在個人自由與社會平等相互增援的環境中，社會的公正才有存在的可能。我們若審視哲學家們回答「何謂美好的社會？」這一問題的方式時，我們可以看到財富公正分配的道德問題是這項主題的核心，亦即如何能夠形成或建立一個「個人自由與社會平等相互增援的環境」，將是政治哲學一個亟待面對與解決的主要議題。

　　第二個議題則是討論「政治權力」的合法性問題，亦即是人們服從政府，履行政治義務的基礎。洛克將「政治權力」定義爲「訂立法律，處人以極刑以降等等刑罰的權利」，此一界定清楚讓我們感受到「政治權力」的精髓。「政治權力」包括命令他人，又在他們不服從命令時，有處罰他們的權利。這樣一種發布命令與能使他人有義務服從的權利，稱之爲「政治權威」（political authority），亦即是指具有合法性基礎的政治權力。政治權威爲國家所獨占，通常也獲得大多數民眾的接受；然而，接下來的問題卻爲：誰又應該握有這樣的政治權威？爲何能獲得（被賦予）這樣的權威？對公民來說，政治哲學的基本問題是：我是否眞的有義務遵守一群自稱是國家的一批人所發布的命令呢？這也正是政治哲學家關注之所在。政治哲學家的工作就是在「自主」與「服從權威」之間取得一個平衡；換言之，也就是將「政治權力」做一個適當的分配，以使國家確實擁有命令人民服從之正當的權威。如前所說，正當的權威是具有發號施令的權利，並使他人有一種服從的道德義務。當國家宣稱擁有立法的權利，而其公民或人民不管在違法時是否有被逮捕的危險，都應該守法。對國家權威正當性的信仰是維繫一個政治社會團結在一塊的黏著劑；它甚至是除了軍隊、警察或監獄之外，國家讓人民守法的手段。

　　現代的民主政治萌芽於17、18世紀的啓蒙時代（Age of Enlightenment）。在當代，民主國家權威正當性主張的基礎是：他們事實上是由被統治的人民選舉出來的，也因此反映人民的心聲；亦即政府的行動需經人民的同意，乃是以「人民主權論」（theory of popular sovereignty）來解釋，這也形成人民政治義務的基礎。啓蒙時期的哲學家則挑戰當時君權神授說（divine right of kings）的思想，他們無法接受王權源自上帝意志，故人民必須絕對服從王權的主張。一個對上帝俯首或向國王屈膝的人，只是讓他自己成爲別人的奴才。從康德的理念而言，服從別人的命令意即喪失自主性（autonomy），是對自身理性的一種否認。對17、18世紀的政

治哲學家來說，服從國家權威，對國家盡義務的問題變成一個新且更複雜的問題：是否有任何的方法讓個人可以不放棄其自由和自主性，而遵循於一個合法國家的命令呢？個人有義務服從的是什麼樣的指示與法律？以及在什麼情況下有義務服從？人是不是永遠有義務服從國家？這正是17、18世紀提倡社會契約論的政治哲學家關心之所在。

　　在本章中，我們將先對「政治義務基礎：為何服從政府」這一議題加以探究，而「如何分配」的政治哲學議題則留待下一章討論。

第三節　政治義務的基礎：為何服從政府

　　人類社會自形成國家有政府以來，基本上即形成了統治與被統治的關係。政府（統治者）因擁有執行法律的強制權力，或者是有武力為後盾的命令權力，使得人民（被統治者）必須服從政府。但就「人生而自由」的觀點言之，人們為什麼要服從政府的限制與約束？為什麼會願意接受服從政府強制性的法律、命令（如納稅、服兵役），是國民應盡的義務這樣的觀點？簡言之，即政府的合法性權威（legitimacy authority）為何會受到人們所承認？（當然無政府主義者例外）這些問題在政治哲學中有很廣泛的討論。例如「君權神授說」的論者，將統治者的權力視為神授的權利，故須服從君王，否則即違背上帝的旨意。社會契約論者（the theory of social contract）則將政府的合法性基礎，視為經由人民的「同意」（consent）。功利主義者（utilitarianism）則提出「最大多數，最大快樂」（the great majority, the great happiness）的論點，認為凡是能推動大多數人公益的政府即是合法的政府。

　　這些論點以契約學說的「同意論」對現實政治有最深遠的影響，無論是1776年之美國獨立革命或1789年之法國大革命，顯然都受此學說影響——即統治者之權力應基於被治者之同意，所以〈美國獨立宣言〉（United States Declaration of Independence）說：

　　吾人深信下列數項乃不言而喻的真理。一切人民皆生而平等，皆受上帝所賦予的若干不可割棄的權利，就中即為生命、自由與求樂。為保障此項權利故，人群中始有政府之設立，政府之公共權力，蓋得自被治者之同意。任何政體而破壞上述目的，則人民有更改或廢棄政府而另建新政府之權。

　　是以，從「同意」的觀點可以解釋政府存在的合理性及人民服從政府（或法律）的義務性，也因此「同意」理論促進了現代民主政治的發展。本章就將以霍布斯、洛克及盧梭三位政治哲學家「契約」學說的「同意」理論作探究，以了解「同意」的實質內容，從而探討政府權力和人民服從的合理平衡。

一、爲何要「同意」政府的存在

　　社會契約的哲學家均認爲人們之所以「同意」政府的存在，是因爲「自然狀態」（state of nature）與人類的「自然權利」（natural rights）相矛盾。亦即在「自然狀態」下，無法使人的「自然權利」有所保障，所以要建立一個「公共權力」（common power）——無論是「國家」（commonwealth）、政府（government）、共同體，甚或「巨靈」（Leviathan，直譯稱「利維坦」）。雖然如此，社會契約的哲學家卻對「自然狀態」的境況有不同的描述。

　　自霍布斯認爲人類的自然狀態是「處在一個戰爭狀態」（in that condition witch is called war），每個人與每個人交戰對立，此主因於人有趨利避害的「欲望」（desire）及「恐懼」（fear）的情感所致。既然是戰爭狀態，個人就難以保障個人的生命及自由。而生命及自由乃人的「自然權利」。如此在欲求生存自由及畏懼死亡的矛盾情節下，就只好依「自然律」（law of nature）爲根據來訂約。霍布斯認爲「自然律」有19條，分見其著作《利維坦》的第14、15章中，其中又以前三條最重要：（一）人皆願尋求和平並遵守之；（二）人皆願爲和平自保而放棄自然權利；

（三）人應信守所定之內容（第一、二條見第14章，三條見第15章）。訂約的方式是每人相互訂約，同意一個公共權力，稱爲「國家」，亦即「巨靈」的誕生。此時亦即形成了「統治者」（sovereign）及「臣民」（subject）的主從關係。

　　洛克對「自然狀態」則有不同的看法。他認爲在「自然狀態」下，人是一種平等的狀態（a state of equality），彼此受理性支配而生活在一起，也沒有一個公共權力以裁判他們彼此的行爲。另外，個人也有「自然權利」即「生命」（life）、「自由」（liberty）及「財產」（estate）。因爲自然狀態下人的行爲無人可爲裁判，所以在自然狀態下，並不能確保自然權利的享受，隨時有遭他人侵犯之虞。此乃由於大多數人不能嚴格遵守「平等」及「正義」，同時每個人都是自然法的裁判者和執行者，而人們又往往偏袒自己，結果發生了「混亂及無秩序」（confusion and disorder），並產生了種種的「不方便」（inconveniences）、「如此雖然自由卻充滿恐懼與經常危險的狀況」。爲了確保自然權利，就必須形成一個「公民政府」（civil government）來救濟，亦即經由大多數人的「同意」，訂立契約，創立一個「合法的政府」（lawful government），作爲公正仲裁的主體，以保障每個人的自然權利。

　　盧梭對自然狀態的描述是界於霍布斯、洛克兩者之間。霍布斯認爲人性自私自利，在自然狀態中，人是各自爲敵，活在孤獨和恐懼之中；相反，洛克認爲在自然狀態中，人受到自然法的規範，過著理性、和平與合作的生活。照盧梭的說法，人類所處的自然狀態乃是自由平等、自給自足、自滿自得的。在這種自然狀態下，人的行動不受理性的支配，而受感情的指導，依自己的興趣與憐憫心情以行事。盧梭認爲自然狀態是和平的，不是霍布斯所說「人與人爲敵」的戰爭狀態；但人類孤立，所以太古之世人類也結成家族，遂逐步產生了文明。然而罪惡也隨文明的進展而發生：由於分工而有藝術與科學的產生與進步，由此出現了私有財產制度，

造成貧富不同的階級，以致失去原有的自由、平等與快樂的自然狀態，於此乃需要建立一個政治社會。（盧梭以為這自然狀態乃是真實的歷史事實，霍布斯和洛克的自然狀態則僅似一種構想罷了。）就盧梭而言，環境和人是息息相關的，因此，在人類邁向完美的過程中，是無法對環境視若無睹的。在《社會契約論》中，盧梭即簡述為了克服環境，人非作政治的結合不可，政治非但可解決人和人之間各種微小的衝突，而且也是人類求生圖存最有力的方式。盧梭在《社會契約論》中，對這種政治結合的輪廓做了如下的描述：

　　我們每人都把自己的身體和權力置於共同意志的最高指導之下，而以我們的團體資格，接受每個分子皆為整體之不可分的一部分。這種訂約的行為立即創出一種道德的與集結的共同體；組成共同體的成員數目與會議總票數相等，而共同體就由此一行為而得以獲得它的統一性、公共性，以及他的生命和意志。這一由全體個人的結合所形成的公共人格（公人，public man），古代稱為城邦（city），現在則稱為共和國（republic）或政治團體（body politic）；就其消極的功能言稱之為國家（the state），就其積極的功能言，稱之為主權者，與其他團體相對而言稱之為政權；至於結合者，他們所形成的集體，稱之為人民；個別地、作為主權權威的參與者，稱之為公民；作為國家法律的服從者，稱為國民。

　　上面引述的一段話是盧梭政治哲學的精華。盧梭的本意並不是在敘述一般政治社會實際的生長和演化，而是要說明理想國家的起源與建構。換言之，盧梭所要告訴我們的是：如要保持個人自由和社會秩序，一個國家必須如何創造和建立。國家成立之後，各人都把自己的權利讓給社會，既將自己權利讓給社會，則各人只隸屬於社會，而不隸屬於任何人，因此，各人還是平等的。各人除讓與自己的權利之外，又把自己的人格委託於社

會，於是各人之外，乃發生了一個集合的人格——這個集合的人格就是國家。

二、同意的權力範圍

霍布斯、洛克、盧梭三人對於「同意」政府存在的基本觀點是相同的，然而對自然狀態、人性的認定卻存在著不同的見解，從而使他們對於「同意」政府權力的界限，產生了相當大的差異。現從霍布斯起作分析。

（一）霍布斯的「無限」同意

霍布斯明確地將人分為統治者和被統治者：擁有統治權的人稱為統治者，而此外之其他人皆稱為臣民。經由大多數人同意的統治者，即擁有國家主權，就要完全授權給他（們），以使個人受到保護免於他人侵害。霍布斯說政府的權力「可以大到人們所能想像的那麼大」，且對於任何人，統治權是「絕對的」（absolute），如此才具有促使人民履行契約的「強制力」。經由同意締結契約而建立的社會，若缺乏可使人們因畏懼而願意接受統治的共同權力，根本不足以提供安全，維持秩序；人們將重返於互戰的狀態，統治權即不存在。霍布斯說：「必須有一個凌駕眾人之上的有權者，以刑罰作為威脅，然後可以使眾人履行所約，而無悖於前面所論及的自然律。」又說：「無刀劍的契約僅屬空言，全然無力以保障人的安全。」雖然霍布斯也承認無限的權威有其弊端，但總比處在戰爭狀態來得好。

　　就此我們可以看出，爲了個人權利的確保，必須求得一個強大而穩固的政府，即「維持一個強大的和鞏固的，並具有無限權力的政府，乃是他們（人民）共同的利益」。人們將會以什麼樣的態度來看待政府的無限權力呢？只能絕對地加以服從。因爲既然同意政府（統治者）有絕對的權力，而這無限權力又代表著人民的權力，故政府之所爲絕不會危及人民。如果怨恨政府的某些施政是一種加害，則是自怨，人會自己加害自己是不可能的，這就是霍布斯探究人們爲何要服從政府的基本邏輯。如此而言，人們就必須永遠服從政府了嗎？這就要視政府是否能履行人們同意政府存在以保障安全的功能而定。霍布斯說：「人民對於統治者所負有的義務，在統治者喪失其保護能力的同時，即不復存在。」政府的無限權力必須發揮它的功能，即保障和平安全及維護個人權利，否則人民即不同意這樣的政府存在，服從的義務因而中斷。所以霍布斯的同意論是「繼續不斷的同意」（consent of continuing），而不是指「不可取消的同意」（irrevocable consent），政府想要擁有無限的權力，必須能盡到保護人民權利的義務，否則難以受到人民「繼續」的同意。

（二）洛克的「限權」同意

　　相對於霍布斯的「無限」同意，洛克主張「限權」同意。洛克認爲人民同意授與政府的最高統制權，只是爲了某種目的而行使的一種委託的權力（power given with trust）。因此，政府不可能有無限的權力。若人民同意並成立一個毫無限制的專制政府，此契約無異是一種賣身契。對於身爲理性動物的人來說，是不會「用契約或透過同意把自己交由任何人奴役，或置身於別人的絕對的、任意的權力之下，任其奪去生命。」這無異是讓自己身陷於比自然狀態更惡劣的情況之下；至少自然狀態是一個完全

平等的狀態，不會任人宰割。所以，洛克認為人民服從是有條件的，也就是同意是一種委託的性質，是「被治者向統治者提出的條件，告訴統治者只有在這種特定的情況下始能服從」。

除了委託限權外，洛克還表示，政府沒有權利以武力威脅來獲得同意，因為人「享有毀滅那以毀滅來威脅我的東西的權利，這是合理和正當的」。只要有人企圖將另一個人置於自己的絕對權力之下，誰就同那人處於戰爭狀態。事實上，洛克並沒有如霍布斯所言，要把一切的自然權利都放棄，而是放棄部分的自由以及仲裁的權力——處罰他人的權力。所以，洛克一再強調政府權力絕不容許擴張到超出公眾福利的需要之外。

至於人民對政府是否採服從的態度呢？洛克明確表示人民之所以服從政府統治支配，是由於政府是被賦予同意委託行使立法權，也就是政府只依法律所表示的社會意志而行動；實際上政府本身並沒有意志與權力，有的只是法律的意志，法律的權力。因此，人所服從的不是政府本身，而是政府所代表的法律及社會的公共意志。洛克說：「效忠，它只是根據法律的服從。」「社會成員除服從社會的公共意志外，並無其他服從的義務」。

（三）盧梭的「全意志」同意

盧梭社會契約論的獨特之處，是他提出「全意志」（general will，又譯「普遍意志」）作為人民「同意」政府存在的基礎。按照盧梭的看法，建立政治社會的過程是訂立社會契約，契約的當事人是人民全體，綜合契約條款的內容，可以歸納為一個主要條款：「每一個社會的成員，都把他自己及一切權利交給全體社會。」在人們放棄自身的權利和權力交給團體時，他們創造了新的實體，社會變成一個有機體，每一個人都是此一有機

體的組成分子。由於他們都是此一團體的完整個體，因此人們在其間實現
了平等。根據盧梭所言，新的社會確實可視為一個「公人」（即國家）；
此一「公人」受到「全意志」的指導。這個「全意志」是社會契約的中心
思想，是指社會成員追求共同利益所產生的共同意志。在社會契約中，每
個個體宣誓放棄自己的「個人意志」（追求個人特殊利益的意志），並服
從於社會的「全意志」，所以國家成立之後，社會唯一的意志，便是「全
意志」。這種結合形式中，人民是自由的，國家是他們人格的展現，國家
的意志就是他們的意志。盧梭說：

> 所謂主權在民也就是寄存於普遍意志之中，國家分子的不變意志就是
> 全意志，由於這種意志，他們才是公民和自由的。

由於全意志權威的接受，使人免於向任何其他個人權威屈服，使人得
以生存的更完美及更團結。且由於全意志是每一個人良善的觀念的表達，
它乃形成國家中至高無上的一種權力，這種權力，使人民主權的觀念應運
而生。

盧梭從「全意志」的同意論（自由與權威合而為一），來闡釋解決政
治義務的答案。就這一理論而言，國家法律所以要受遵守，因為法律代表
了全意志。盧梭認為服從政府就是服從自己。盧梭所描述的理想國家，其
最顯明的特徵便是它的有機性——它是一個「集合體」，一個「公人」，
和一個「政治體」；因為唯有在這種形式下，個人的自然自由和國家的集
體意志才不會衝突。如果國家真是一個有機體，便不會有這種衝突，因為
個人的真正意志和利益，與國家的意志和利益一致，正如身體上一個器官
的健康是依賴整個身體的健康一樣。如果兩者之間似有衝突，那是因為個
人的某一種特殊意志，與其作為一個公民而有的共同意志相反或相異。盧
梭相信，個人意志和共同意志如果持續地發生衝突，就會造成政治共同體

的瓦解；因此，他以爲應當這樣解決：

　　凡是拒絕服從全意志者，應由全體強迫他服從。這就是說，強迫他自由；因爲把每一公民給予國家，使他個人不復有所依賴者，就以此爲條件。

　　盧梭認爲，個人「眞正」的善或利益必須與其他人協和一致，因爲利益的衝突有害於所有的人。國家的目標在追求公善，所以國家或法律是全意志的具體表現，我們必須服從國家，因爲服從國家就是服從我們眞正的意志；如果某一個人不了解他「眞正」的需求，不願意服從國家，這時國家就有理由強迫他服從。

　　依照盧梭的全意志論可知，國家法律所以要受遵守，是因爲法律代表了全意志。這是否意味著人民必須絕對的服從政府呢？答案是否定的。

　　就理想面而言，國家有偉大的權力，各人必須絕對服從。何以故呢？因爲國家只是個人人格集合而成公共人格（公人），以此衍生出各種「共和國」、「主權體」、「公民」、「國民」等不同的名稱。而人衆組成國家之目的在於保護個人的安全與自由，國家機關的活動也不過要保護個人的安全與自由，基於國家乃公共人格（公人）之概念，服從國家就是服從自己，「人衆若不服從國家，那便是不尊重自己的自由。」

　　然而就現實面而言，共同體的成立並不必然導致良善的生活，它僅是使道德生活變得可能。事實上，盧梭相信人們有能力爲善，但當共同體變得更爲複雜時，人們就更有可能變得不道德些。盧梭認爲共同體成立之後，私有財產得以發展，這也同時激發了人的貪婪和自私心，共同體中最爲積極的人逐漸控制了大部分的財產，他們設立政府以維護其控制權。於是，人們被其貪婪之心所牽引，或受到統治者的宰制。無怪乎，盧梭寫道：「人生而自由，卻無往不在枷鎖之中」（Man is born free, but everywhere he is in chains）。

　　按照盧梭的全意志論，人民有權推翻或改造不能執行或違反全意志的政府。國家是表現在最高的主權的全意志的整個政治團體，政府則包含由社會選出以實踐全意志的人眾，是由主權者人民的同意而建立；它只是代表人民的機構，而非契約的一方，若政府一再地違反全意志或迫害人民的自由與生存，代表現有政府已無履約之可能，人民得隨意更換它，重新建立一個可以執行全意志契約的政府。盧梭說：

　　主權乃是由神聖的契約所產生，假如它不符合原來的約定，則它將不足以使人服從……因為違反自己所由來的約定，乃是自我毀滅。

　　當人民訂有契約時，人人就須受契約的約束。倘若國家未能依據全意志行事，即是毀約的行為，人們只好回到自然社會中去；在自然社會中，人人有自然權利，無需服從，無需被統治。這一論點使盧梭《社會契約論》成為人民革擁有權利的合法依據。這就是為何《社會契約論》一書雖只有強調人民必須絕對服從全意志，並未散播革命理論，仍被認為盧梭的思想是引起法國大革命的理由。

三、政府權力與人民服從的合理平衡

　　社會契約作為一種公民社會起源的理論，解釋的其實是一個有正當性的社會起源，因為人當初出於自由同意，相互協議建構了那個社會。我們若將霍布斯、洛克及盧梭三人的同意理論仔細考察可以歸納兩個定理：

（一）人民所同意的不一定就是一個民主政府，或一項民主主張；

（二）即使對於專制政權而言，如果他們想持續存在下去，也必須能依靠一定程度的同意，儘管它們未必能得到絕大多數人的同意。

　　雖然，社會契約學說的「同意」訂約歷程，並沒有真正實行過。我們揆諸任何實際社會可知，任何實際的人類社會，當初沒有一個是以多數成員同意其正當性的這種方式構成的，但其社會契約「同意」的精神則體現在前述的兩個定理中。尤其現代的政治社會中，無論是不是民主政府，都希望表現出其權力出於人民的同意。我們可由共產極權的國家或威權制的國家中觀察到：它們都舉辦各種公民選舉，也成立代表人民的議會；即使選舉受操縱而議會僅是橡皮圖章，但在形式上也是同意的表徵——至少霍布斯的同意論正表現出這種論點。由此我們也可探討出政府權力與人民服從的合理平衡為何。

　　從霍布斯、洛克、盧梭的理論中可知，政府權力與人民服從的合理平衡必須以「同意」為基準點，以當代民主政治的運作來看即是選出代表立法，選出代表治理。至於政府權力及人民服從的合理平衡，則須視人民所表現的同意意向。如承平時期人民會重視其個人的權利範圍，在戰時或非常時期，政府權力若出於社會秩序及國家和平安全的維持，人民基本上會同意放棄較多的權利，而國家則傾向於絕對權力。如此則調和了霍布斯、洛克、盧梭的同意理論。若政府權力不能以同意意向作調整，則人民的服從就可能降低了，這也意味著政府合法性的降低，其就可能發生「公民不服從」的問題了。

　　吾人深表贊同洛克所言，政府及其權力不過是行使法律的公僕，代表國家：並非如霍布斯所言，政府與人民是一種統治與臣民的主從關係。政府本身並沒有意志及權力，有的只是法律的意志，法律的權力，是以人民的效忠，只是源自對於法律的服從。這樣同意就不代表要受治於政府，蓋法律所代表的為集體眾人的意志，服從政府，遵奉法律，只是一種「自

限」的具體化而已。這也是盧梭所要表達的，即人民「全意志」的表現便是法律，所以法律所處理的事務應是共同的利益，且應由人民的意志產生之；換言之，國家法律之所以必須遵守，是因為法律代表人民的「全意志」，因此服從政府即是服從自己，也就將自由與權威合而為一了。

延伸閱讀 ‧‧‧‧‧‧‧‧‧‧‧‧‧‧‧‧‧‧‧‧‧‧‧‧‧‧‧‧‧‧‧‧‧‧‧‧‧‧‧

威爾‧金里卡（Will Kymlicka），《當代政治哲學導論》（*Contemporary Political Philosophy*），劉莘譯，臺北：聯經，2015。

約翰‧洛克（John Locke），《政府論次講》（*Second Treatise of Government*），葉啓芳、瞿菊農譯，臺北：唐山，1986。

強納森‧沃夫（Jonathan Wolff），《西洋政治思想導論》（*An introduction to Political Philosophy*），侍建宇譯，臺北：五南，1998。

梁光耀，《圖解政治哲學》，香港：中華，2016。

盧梭（Jean-Jacques Rousseau），《社約論》（*The Social Contract*），徐百齊譯，臺北：臺灣商務，2000。

霍布斯（Thomas Hobbes），《利維坦》（*Leviathon*），朱敏章譯，臺北：臺灣商務，2002。

研究與討論 ‧‧‧‧‧‧‧‧‧‧‧‧‧‧‧‧‧‧‧‧‧‧‧‧‧‧‧‧‧‧‧‧‧‧‧‧‧‧‧

1. 孫中山先生說：「政是眾人之事，治是管理，故管理眾人之事即是政治。」試從這一政治的意義闡釋政治哲學之意義、性質與運思歷程。

2. 試說明政治哲學研究的範疇與重要議題。

3. 霍布斯、洛克、盧梭三人對於「同意」政府存在的基本觀點是相同的，然而對自然狀態、人性的認定卻存在著不同的見解。試說比較三人對於「為何要同意政府存在」這一議題的見解。

4. 試比較霍布斯與洛克對於「同意政府權力的界限」這一議題的見解。

5. 何謂「全意志」？盧梭說：「凡是拒絕服從全意志者，應由全體強迫他服從。」其理由為何？依照盧梭的全意志論可知，國家法律所以要受遵守，因為法律代表了全意志。這是否意味著人民必須絕對的服從政府呢？

6. 在研習本章後，你對「為何服從政府」以及「公民不服從」這兩個問題有何見解。

第九章　政治哲學：如何分配自由、平等與公正

　　法國大革命提出了「自由、平等、博愛」的要求，這對政治哲學的發展具有劃時代的意義。法國大革命以後，在歐洲產生了兩大哲學和政治運動：自由主義和社會主義運動，兩者都繼承了啓蒙運動的文化成果，以不同的方式追求人類的解放——人類社會和政治的解放。

　　自由主義理論把個人的權利和自由當成最核心的問題，強調人民擁有不可剝奪的生命、財產與自由權利，國家不能任意對這種權利加以限制，同時主張自由競爭的資本主義體制，追求個人的最大利益與財富。社會主義則對應於自由主義，特別是資本主義的流弊，是爲了解決社會分配不均、貧富差距日增諸問題而產生。社會主義者期望藉由漸進或激進的社會革命，來改變財產分配制度，以便實現人類的解放，建立一個「沒有階級差別的社會。」

　　在這兩種思潮之間，處於核心地位的問題是：以哪一種方式能夠更好地把自由和社會公正聯繫起來。是自由等基本權利重要呢？還是社會的公正、平等重要？哪些權利可以受到限制？透過漸進的改革能不能解決問題？有沒有必要進行激進的社會與政治革命？自由主義與社會主義存在著不同甚至對立的見解。

第一節　自由主義

　　自由主義是一套信念（belief）與使命（commitment）。這套信念堅信人類的共同目標是爭取最大程度的個人自由，並且接受某些基本的方法與政策，以達致這些目標。「自由主義」（liberalism）一詞可追溯至18世紀末西班牙的「自由主義」政黨（the Liberales），他大力支持法國1791年的革命憲法。然而，自由主義思想體系的形或則發源於17、18世紀的英國，從英國再傳播至歐洲大陸與北美殖民地。自由主義熱心追求積極的自由（active freedom），即個人應有機會或能力表達自我的自由。所以，自由主義者支持公平的自由的分配，反對任何壟斷的形式（如貴族專利），並以劃一而理性的法律管理社會。

　　首先闡釋自由主義思想的哲學家是洛克，其後繼之者是亞當斯密（Adam Smith, 1723～1790）、效益主義創始人邊沁和他的門徒彌爾。他們的觀點，通常被稱爲「古典自由主義」（classical liberalism），是由自由放任主義與效益主義的思想結合而成的學說與政治安排。

一、洛克的自由主義思想

　　洛克是自由主義思想的最早闡釋者，他透過社會契約的假設，建立了自由主義的基礎。關於洛克的社會契約思想已在前一章有所討論，這裡僅針對「如何分配」的議題予以申論。

　　洛克在《政府論次講》（*Second Treatise on Civil Government*）一書中提出生命（life）、自由（liberty）和財產（estate）是人的自然權利，

除非經過自由、自願同意，否則不容侵犯。依洛克之見，人們雖和諧地生活在自然狀態中，但卻自願選擇成立一個政府，以換取由政府的法庭與警察權力，來確保他們能確定而安穩地享有個人權利。同時，為防範政府進一步擴權，洛克認為管理愈少的政府愈好，政府如有太多的權力，勢將壓迫人們的權利。

　　與其他的契約論者（霍布斯、盧梭）相比較，洛克的社會契約論與自由主義的關聯是最為密切的，它影響了英國、美國、法國等先進民主國家的政治發展。洛克在其《政府論次講》中，提出一個當時思想家未曾重視的主題——個人財產與個人自由的關聯：沒有不可動搖的私有財產權，自由就等於是零的主張。在洛克看來，自然法具有神聖的性質，是由神所賦予我們的，任何人和政府都不得違反或破壞自然法的原則。在自然法的統治下，人們擁有一些不可剝奪的基本權利，其中包括言論和思想的自由，而尤其重要的是，獲得擁有私人財產的權利；私人財產權是一切個人自由的基本保障。這一洞見成為自由主義思想的一個特有主題，體現了洛克對自由主義的最大貢獻。

　　為何說私人財產權是一切個人自由的基本保障呢？洛克以為財產權包括個人的身體勞力—財產，乃是一個人依其能力、意願施其勞動力於某種物體而形成的，所以是自由權及生命權的基本前提。如果一個人施其勞力於一塊土地上而使其價值增加，他便應有權享受這種利益，並自由處置（分配），不應被他人所剝奪。由此，足見洛克所持者乃是「勞動價值論」。這種學說發生兩種大的影響和效果：第一，是促成資本主義經濟制度的產生，認定自由企業及利潤追求是正當的；第二，在另一方面，勞動價值論為馬克思及他人所引用，而促成現代社會主義的產生。馬克思以為：勞動力既是價值的根源，所以享受財產之利益者應該是勞動者，不應該是所有者。

二、亞當斯密的自由放任經濟理論

自從工業革命開始以後，工業社會既然產生許多新的問題，歐洲不少研究社會經濟問題的學者們，就針對那些問題提出了各種解決的辦法。英國是工業革命的起源國（始於1780年），也是歐洲最先向資本社會的路程前進的國家，更提供古典自由主義思想家亞當斯密、功利主義創始人邊沁及其門徒彌爾開創其學說思想的場域。蓋資本社會以自由競爭爲其根本原則，也就是說必須以個人經濟能自由活動爲前提；由於這個必要，就產生自由放任主義，代表此種思想的就是英國人亞當斯密。

亞當斯密，著有《國富論》（*The Wealth of Nations*）及《道德感情論》（*The Theory of Moral Sentiments*）等書，他的政治思想散見於此兩書之中。亞當斯密摒棄當時盛行的經濟制度——重商主義（mercantilism），從資本主義（capitalism）市場的角度闡述了自由主義的要義。他於1776年出版《國富論》一書，其目的是在論證：眞正的經濟利益並非經由重商主義或任何其他管制世界貿易的方法來獲致，而是要由完全解除限制與控制來獲致。這說明洛克的自由主義思想顯露於亞當斯密的《國富論》中，他也將財產權視爲自然權利的基礎，希冀藉由自由競爭的方式維護與獲致個人最大的利益與財富。

自18世紀的工業革命，人類社會展開了近代的生產活動。這種生產活動因係以資本爲最主要的因素，故乃博得資本主義之名稱。爲了生產能在市場銷售獲利的商品，資本主義的關鍵是對累積的財富或「資本」作系統化的投資。推動經濟活動的個體——「企業家」，英文稱爲entrepreneur，源自法文，與英文相對字詞是undertaker，意指承包（或承攬）某件生意的人。企業生產必須結合勞動、土地、資本與技術等要素，資本家就是要將這些生產要素予以結合，以製造出各類商品，最後將這些商品拿

到市場中銷售。在資本市場中，沒有法律規定商品該賣多少價錢，也沒規定商家應得多少利潤，如何才能使這樣的資本主義市場發揮最大的效益、創造最大的利潤與財富呢？

亞當斯密主張自由放任（laissez-faire）政策。「自由放任」字面上的意思爲「允許去做」，是一種受到政府絕對最小限度控制的自由市場交易制度。當時的自由主義者相信這樣才能使得資源得到最有效率的運用，並爲社會帶來實質上最大的福祉。亞當斯密在《國富論》的立論主旨，即在反對政府的管制制度而主張自由經濟，認爲管制實足以妨害工業的進步和發展。

在資本社會，個人的經濟生活是由個人自己解決，因此，亞當斯密的學說是從利己主義出發，其基本命題是：個人的自利是社會進步的基本工具。亞當斯密指出，我們一日三餐不是由於肉店、酒店、麵包店的惠愛，而是由於他們各謀自己的利益。即我們不是依賴他們的仁慈，而是依賴他們的利己心。社會由個人集合而成，社會的幸福不外乎是個人幸福的總和。人類均有利己心，什麼是幸福，什麼是苦痛，唯有個人自己才會知道；所以個人依其利己心的作用，追求幸福，社會全體必然也有了幸福。對應於經濟方面，生產可以增加，分配亦可公平。由此顯見，亞當斯密對於人類的利己活動乃抱持著樂觀態度，故其結論乃主張自由放任，而反對重商主義之保護干涉。他說：

各人應該投資於那一種產業，那一種事業最能產生最大的價值，此種問題與其委託政治家或立法者判斷，不如由各人自己判斷，尚可得到良好的結果。……

法律禁止工業資本家兼營商賈，法律強制農民去開米店，這都是侵害人類的自由，而爲不公正的事；不強制，不妨害，最有利於社會，法律惟有放任個人自求自己的利益。

既然人人都是自己個別利益的最佳裁判，那麼隨之而來的，是如果任由人們在自由競爭的條件下，遵循他們的自然傾向，就會自動產生對人類與物質資源做最合理的運用。因此政府非但不應該干涉經濟事務，反而更應該鼓勵自由競爭。亞當斯密主張，當社會上每一個人都能依其所想像的最佳手段去要求和使用資源時，則國家的資源將能做最有效地分配，惟有依此方式才是最合適的經濟發展。當需求與供給在「一隻看不見的手」（an invisible hand）的引導之下，以最低可能的價格，提供最佳可能的經濟品質。具體而言就是，基於利己心，生產者在市場中進行商品交換時，將盡可能賣得昂貴，以獲得最大利潤；而消費者則希望買到物美價廉的商品，這樣一來經由自由競爭的結果，生產者會自動將價格降低到某一水平，亦即降低到合理的、可接受的價格，而消費者將會以他們的金錢換得更多與更好的貨物。如果此種過程受到任何干涉，較好的貨物就可能被逐出市場，因而迫使消費者購買較無效率的生產者所生產的較差且較貴的產品。如此，簡單而自然的供需律（即「一隻看不見的手」）若能依循自己（自由競爭）的法則時，就會自動擴大經濟利益；而任何政府若干涉此一自然發生的過程，只會減少國家的財富而已。

可見，「自由競爭」（free competition）是資本主義市場的轉輪，運用自由競爭的方法，商品的價值除了個人的偏好選擇外，主要是由市場及商品本身的條件所決定，並不受任何力量的阻礙。那些能提供優良的貨品，並以合理的價格銷售的人，其事業將繁榮昌盛；而那些不能依此方式進行買賣的人，則將被淘汰於市場之外。這種未加限制的競爭過程之淨結果，將是一種空前繁榮的經濟制度。

經濟生活占人類生活的大部分，人類一切生活差不多都是由經濟生活分化而來。經濟方面既然放任個人自由解決，政府的活動就不能不加限制。亞當斯密說：「在自由制度之下，政府業務只有三種：一是國防，二是司法，三是興辦個人能力所不能經營的公共事業」。除此三者，政府

不得染指。我們須知國防與司法乃所以謀財產權的安定，而公共事業的興辦，如公路、港口、學校之類亦可以協助個人企業的發展。

三、邊沁的效益主義思想

19世紀之初，效益主義倡導者邊沁補充了亞當斯密的學說，一方面竭力主張經濟政策上的自由放任方針，國外事務上的不干預政策，並常在法制改革上站在個人自由一邊；另一方面則將其效益主義道德政治哲學（最大多數人的最大幸福即為至善）應用於政治方面，以限制國家可能的干預政策。因為他相信，社會制度可以按照效益原則納入人為的社會工程，進行成功的理性再設計。

效益主義（utilitarianism，又稱功利主義）的思想早就有之。其能成為一個體系完整的學說，不能不歸功於邊沁。邊沁在政治思想方面有關的主要著作是《政府論片斷》（*A Fragment of Government*）、《道德與立法原則導論》（*An Introduction to the Principle of Morals and Legislation*）等。

邊沁的基本道德議題不是從「自然權利」和「絕對善」這類常人難以理解的深奧概念出發，而是從簡單的個人自身經驗感覺出發：「感覺好不好？」「這個經驗快樂嗎？」這使每個人都是自己是否感到快樂或痛苦的最佳裁判。邊沁假定一個人的幸福應該等同於其他任何人的幸福，任何政策如果能造就「最大多數人的最大幸福」（the greatest happiness of the greatest number），則社會上所有人的效益將被極大化。這樣的效益主義在道德的辯論上，具有排除專家意見的效果，它駁斥菁英主義，將所有人

們放在一個平等的立足點上。

這個思想應用於政制方面，則爲民主主義。蓋依效益主義，人類都是利己的，只唯自己利益是視，其判斷政治問題與問題之解決，常以自己的利害爲標準。所以什麼是多數人的幸福，就應盡可能由一切利害關係人來決定，循此作爲政策後，必定有利於多數人；既然有利於多數人，則實行之後，當然可以達到「最大多數的幸福」的目的。

邊沁的思想應用於政策方面，又表現爲自由放任主義。依據效益主義，邊沁相信私利與公利的自然調和論，即每人皆自由追求他個人的最大利益，結果自然就會達到社會全體的最大利益。邊沁認爲政府不宜干涉經濟事務，因爲個人比政府更積極且有技巧地追求其利；實際上，效益主義的假設是政府的能力不及個人，無論在工業或商業，政府未克與私人匹敵。對企業家而言，他們並不希冀政府給予恩澤，只希望政府給予安全而又開放的路。

邊沁思想中的國家，是種權宜設計，是增進快樂的工具，不是目的。人民之所以服從國家不是基於契約的同意，而是基於利益的考慮。他們知道「因服從所得的損害，會少於因不服從所得的損害」。邊沁認爲國家的功能是消極的，是一種「必要之惡」（necessary evil），其唯一的功能是制訂法律讓人民有所遵循。法律的干涉是限制人類的自由，限制自由就會產生痛苦，所以政府的一切措施都是惡的。故政府的權力應被限制於「能除去大害之時」，即應限制於「能保障個人自由行動及私有財產的安定」的最小範圍之內，除此之外，國家不宜行使權力。邊沁感性地說：「政府最好是什麼都不做，並且也不想做，政府的格言應當是—安靜些。」

邊沁的效益主義除了強調自由外，也注意到平等。邊沁知道貨財的效用有遞減的法則，必須貨暢其流，普及使用，才能使財貨效用極大化，所以他說：「財富的分配愈平等，則社會幸福的分量愈大」。既是這樣，邊

沁的思想應趨向於社會主義，但他又說：「分配的平等與財產的安定發生
衝突，政府應放棄平等，而維持安定。」這是邊沁思想的矛盾。既謂分配
平等可以得到最大幸福，又提出財產安定是平等分配的前提。財產安定就
是維持私有財產制度，顯見邊沁在自由與平等的價值上，仍以自由為重，
畢竟自由放任始終是他的核心理念。

四、彌爾對古典自由主義思想的修正

彌爾（John Stuart Mill, 1806～1873）是邊沁的學生，他進一步發揮
邊沁的自由主義思想並加以修正。彌爾在其《政治經濟學原理》（*Prin-
ciples Of Political Economy*）一書中，區分了經濟生活中的生產體系和分
配體系，用分配的正義和社會和諧的理想代替了傳統自由派的純市場主義
理論，從而為國家干預經濟提供了合法根據。

（一）思想背景

彌爾這一思想的形成和發展，與其身處的時代背景有關：1.19世紀中
葉，隨著自由資本主義衍生的流弊，放任主義已遭受嚴重的攻擊，誘發了
社會主義思想的淬興。在時代潮流的衝激之下，彌爾從一個贊成放任政
策的效益主義者，轉變為溫和的社會主義者。2.受到法國思想家托克維爾
（Alexis tie Tocqueville, 1805～1859）所著《美國的民主》（*Democracy
in America*）一書的影響。彌爾從該書中得知，美國成功的民主經驗顯
示：經由廣泛的分配財產，可以實現較大的社會平等。3.彌爾吸取法國社

會學家的學說，並深受德國激進社會主義學者馬克思思想的影響，對勞工階級有所同情，企圖調和放任主義與社會主義，使他原來的個人主義與自由放任主義的立場，轉趨支持社會主義的平等目標。儘管如此，彌爾的思想本質仍未因此脫離自由主義的傳統。

（二）對效益主義的修正

基於對當時社會背景的理解，彌爾認為放任個人追求利益，社會全體的幸福未必就能增加，於是修正邊沁學說，除了強調人生的道德目的與快樂的「質」外，還偏重利他或社會全體的快樂。

依效益主義，幸福可以使人快樂，故凡最大多數認為快樂的就是幸福。彌爾以為快樂不但有量（quantity）之多少，更重要的是質（quality）之優劣，他的名言是：

與其當一隻滿足的豬，倒不如當一個不滿足的人；與其當一個滿足的傻子，倒不如當一個不滿足的蘇格拉底。

彌爾認為快樂有性質上的不同。對他來說，不管快樂的數量如何，「人」的本身就比「豬」好些；擔任智者「蘇格拉底」的本身就比「愚人」好些。顯然，質優而量少的快樂比之質劣而量多的快樂，對於社會全體更有利益，更能造成最大幸福。

彌爾又認為快樂的對象不僅在利己，他更能擴及於他人，因為自利、利人並不相衝突，反而是相輔相成的，他說：「快樂是一種利益，每個人的快樂是他自己的利益，因而普遍的快樂就是所有人整體的利益。」「普遍利益」強調的是利他，如此而言，基督教的黃金律（Golden rule）

也變成效益主義的信條，彌爾引該黃金律論證：「你要別人如何待你，你就要如何待人，並且要愛鄰如己，這便構成圓滿的功利主義道德律。」由此可知，彌爾所主張的效益主義已經不是利己主義，而是利他主義了。邊沁的效益主義是補充亞當斯密的學說，彌爾的效益主義則打開社會主義的前途。

（三）對自由放任思想的修正

效益主義的假設是信仰放任主義，相信私利與公利的自然調和論，每人皆自由追求他個人的最大利益。彌爾繼承了這樣的思想，成為堅定的自由主義思想家。他的經典著作《論自由》（*On Liberty*, 1859），乃擁護自由權最有力的著作。

彌爾從效益的原則來闡釋自由的概念：假如幸福是至善，假如幸福之求得，各人所用的方式不同，那麼，為求得最大幸福，我們必須讓人人有自由，以充分實現其欲望，只要不干涉他人享受此種自由，就可依照個人的欲望行事。他說：「自由是依自己的欲望行事，而不受他人限制。」根據此一自由概念，彌爾提出一個簡易的原則作為自由之劃界，這原則就是「不傷害原則」——基於自衛、防止傷害他人，個人自由不受限制，他說：

> 基於自衛的目的，人類方可個別或集體地干涉任何其他人的行動自由。

相較於洛克、邊沁的自由思想，彌爾的自由思想顯然更能彰顯自由的意義與價值。然而，為了反駁效益主義乃是個人主義和利己主義的批評，彌爾在「不傷害原則」的前提下，贊成國家在必要時，即在個人行為有害

於別人之時，可以干涉。彌爾既然主張效益主義所追求的是全體相關人員的最大幸福，自然不贊成僅爲己利而對他人有所妨害的自由放任。畢竟，自由的行爲關係到自己，也涉及到他人兩種領域：關係自己的行爲，有完全的自由；一旦關係他人的行爲，社會就有權干涉。他說：

> 人類生活於社會之中，各人對於別人應遵守一種行爲規則。所謂行爲規則：第一是彼此利益不相侵害，此種利益或由法律規定，或由法律默認，成爲權利。……至於個人行爲若不侵害別人權益，則法律上及社會上均有完全的自由。

由此可見，彌爾對於「自由放任」的思想本來就有所存疑的。隨著資本主義自由經濟制度弊病的顯現與缺點的暴露，彌爾才會試圖修正自由放任的資本主義。這一修正實際上也是彌爾對資本主義社會的不公正，報以道德的義憤。正如他所說，資本主義分配給勞動者的產品，「幾乎與勞動者的比例相顛倒」；他深知19世紀中葉後，工業資本主義的趨勢，人們對生產和分配的體系失去了控制：社會財富與權勢集中於少數富人手中，一般人被迫從農地遷移至工廠，而且日益對他人產生依賴，成爲經濟弱勢者，遂受到經濟強勢者的欺凌與剝削。於是，人們比以前更加地從屬於有產階級的權力之下。這樣的資本主義現象，完全與「最大幸福」是指大眾的幸福與利益之信念相違背，導致彌爾從一個贊成放任政策的功利主義者，轉變成溫和的社會主義者，「企圖以小量藥劑來治療民主政治的疾病與資本主義社會的偏差」。這意思是說：彌爾企圖調和放任主義與社會主義，他放棄邊沁功利主義消極的一面──即不贊成國家干涉。

在擴大政府職權方面，彌爾主張國家應採取行動完成「最大多數的最大快樂」，諸如：由政府辦理教育事業，使勞動者獲得教養、智力與個性發展的機會。彌爾期望勞動階級皆能夠自立，享受平等的社會地位，勿須

仰賴他階級的領導，更能藉由智力的發展，由雇工階級升至雇主階級。國家應將遺贈權予以限制，並使其不超過應得的數額，以避免貧富階級的懸殊；彌爾認為財產的繼承，使人民得到不費勞力的財富，導致各人所處的地位不同。這與個人主義的原則相違背，亦和自由競爭的法則相衝突。

儘管彌爾主張擴大政府的職權，但他仍肯定自由主義的競爭原則。他認為經濟競爭有利於進步，在沒有競爭的地方，即有獨占，而獨占勢將造成人類的懶惰與社會停滯。各種形式的獨占，都是向勤勞者課稅，以維持懶惰者；所以政府對於社會事業的干涉，必須限制在最狹範圍內。政府干涉的理由與範圍是為了顧及整體社會的利益，即使如此，彌爾仍主張「放任（仍然）應當是一般的辦法，凡與這辦法相背的設施，除非有某種巨大的好處，便一定是有害處的。」這意味著，彌爾固然認為政府的職權必須擴大，也必須有所節制，其目的在於保護他所珍視的價值目標——自由。

無論如何，彌爾傾向於社會主義，乃是不爭的事實，但他不像現代的國家社會主義或馬克思主義那樣極端，並不贊成全面性的國家干涉；他所支持的，是社會主義的平等目標。他指出：

> 好的社會能夠在不破壞作為個人努力成果與報酬的私產安全下，實現平等。一套不支持平等措施的制度，實質上就是為了少數而傷害多數的壞政府。

資本主義社會未能使勞動結果公平分配，自彌爾對未來社會的期許而言，「社會改良的最終目的，是教育人類使其配合一種兼具『最大的個人自由』與『勞動成果的公正分配』之社會狀態。」一旦達到這種狀態，則可謂為最適於幸福而又最能使人性止於至善的狀態。在彌爾的觀念中，一個理想的社會，是人人在政治、經濟等各方面，都享有自由平等的社會；簡言之，所謂理想的社會，就是一個「民主社會主義」的社會。

第二節　社會主義思想

　　社會主義（Socialism）以反對資本主義爲目標，即在主張推翻資本主義，廢除私有財產制度，將重要財富改由社會集體控制。但因社會主義提出者甚眾，如法國的聖西門（Henri de Saint-Simon, 1760～1825）、傅立業（F. M. Charles Fourier, 1772～1837），英國的歐文（Robert Owen, 1771～1858），德國的馬克思（Karl Marx, 1818～1883）等，他們對於如何推翻資本主義，又如何將私有財產轉變爲社會控制，各有各的主張，並無一定的意見。

　　大體上說來，大多數社會主義者主張和平漸進的政策，惟有馬克思的主張最爲激烈。他和好友恩克斯（Eriedrich Engels, 1820～1895）合著的《共產主義宣言》（*The Communist Manifesto*）與《資本論》（*Das Kapital*）兩大名著，建立了唯物史觀，除主張階級鬥爭是以暴力來推翻資本主義外，還主張消除現存國家，並建立共產社會。馬克思還自稱他的學說爲「科學的社會主義」（Scientific Socialism），而將其他人的主張稱爲「空想的社會主義」（Utopian Socialism）。他這種偏激的思想，世人遂以其名稱之爲「馬克思主義」（Marxism）。

　　馬克思的學說清晰而有力，具有極大的煽動性；宣傳力量之強大，實無足與之比倫的，有無數的人爲此學說所迷惑。在19世紀的資本主義批評中，以馬克思主義者的抨擊最具持久性影響，之後被俄國的列寧、史達林作實際的利用，即共產主義（Communism），以流血的殘暴手段建立蘇維埃式的共產政權；中國大陸也在1949年陷落於毛澤東所領導的共產黨，舉世震驚。由於馬克思主義在社會主義運動中占有重要地位，我們有必要對其創始人馬克思的思想，進行專門之探究。

一、馬克思對資本主義的抨擊

　　倡議自由主義和放任主義的哲學家，聲稱他們的哲學主張是理性的學說。馬克思則強烈地批評，自由放任的資本主義根本就是非理性的，其經濟理論和哲學中的合理性主張，只不過是對「自由」、「放任」等意識形態進行合理化論述；它們隱藏了資本主義內在的不合理（如資本家對工人之剝削），同時也用來維護一套保障少數人利益以犧牲多數人生活的制度。為了解決工業革命及資本主義經濟體系（自由放任）所產生的政治社會（勞工階級的不幸）諸問題，馬克思於是對被合理化的資本主義制度、經濟理論及其哲學進行了系統性、理論性的強烈批判，影響深遠。人們在閱讀馬克思的著作時，感受不到一種洶湧激盪的道德憤怒是不可能的。馬克思對資本主義的強烈批判，乃是因為它有「分配不公正」、「運作缺乏理性」以及「貶抑人性」三個不合理（irrational）。

（一）資本主義的分配是不公正的

　　馬克思認為，僅僅依靠市場力量來分配資源是不公正的。雖然說資本主義的出現，使人們首次可以獲得充足且源源不斷的物質來從事生產；繁榮的資本主義社會，也讓人們有更多的時間可以從事勞動以外的活動，以適性展現個人之才華。然而，資本主義並不能對充沛的資源做公正的分配，它只有利於少數的資本家，使其得以長久地奴役、剝削一般勞動大眾。對馬克思而言，資本主義值得讚許之處在於其生產力，但是它的敗筆之處在於壓榨的行為，而無法達到一個公正社會的境界。

（二）資本主義的運作缺乏理性

馬克思認為，資本主義的運作欠缺理性，它是一種具有「內在矛盾」的運作系統。這是說，資本主義以系統的方式，選擇自認為最有效率的手段（自由競爭），來達成它所設定「最大多數人的最大幸福」之目的。然而這樣的系統卻使資本主義運作陷入了「內在的矛盾」：自由競爭愈激烈，最大多數人愈陷入貧困深淵。

資本主義者一向自信主張：一個自由競爭的市場，絕對比任何受政府管理的市場，更能創新發明；不斷開發新的市場，使經濟社會的各種資源得以得到最充分的運用。馬克思同意資本主義在生產效能上是無可匹敵的，但它卻無法解決「工廠生產出來的產品要如何分配」這一更重要的問題。事實上，資本主義內部是不穩定的，並有陷入經濟危機的傾向。

在資本主義的體制中，生產是為了利潤，而不是為了使用，因而容易造成「生產過剩而後又出現生產停滯」這種循環的現象。資本家之間為了攫奪更大的市場占有率，促使每一個生產者進行「減價並且增加產量」的非理性競爭，造成產能過剩，並導致裁員、經濟衰退、蕭條、普遍貧困，然後又躍進另一輪新的生產活動，如此反覆的惡性循環。在古代社會，人們飽受疾病、水旱災等是自然災害的折磨；然而資本主義造成週期性的經濟蕭條、衰退所引發的貧窮、饑饉並不是自然災害，而是人為的災害，是資本市場體制無能分配其產品所造成的。這就是資本主義「內在矛盾」的非理性運作之明證。

（三）資本主義貶抑人性──異化或疏離

馬克思憎恨資本主義毫無人性的方面，它使人脫離其勞動的本性，而無法從勞動中認識其才能與人生目的。馬克思認為這是資本主義對人性的

一種貶抑現象，他將此現象稱爲「異化」（alienation）。所謂「異化」是指「疏離的狀態」，就是與自己原本所親近、熟悉、肯定的人、事、時、地、物，產生了疏遠、陌生（alien），甚至對立、排斥的狀態。許多哲學家都曾使用此一詞彙，而其中又以馬克思的學說最爲著名。根據馬克思的解釋，異化是指人創造出來的東西反過來成爲支配人的力量。在資本主義制度下，存在著三種會剝奪人性特質的異化：人與其勞動本性的異化、人與其勞動對象的異化、人與其人性本質的異化。

1. 人與其勞動本性的異化

馬克思主張，人之所以有別於其他動物的地方，是因爲他們的勞動不僅是爲了生存與繁殖，而且是要帶來創發性與有趣味的生活。對人類而言，勞動是一種「自我創造」（self-creation）的形式，勞動是使人們得以發展其人性和自我實現的過程，這也就是人之所以爲人的潛能與本質。但是在資本主義制度下，有系統地支付不足額的工資、讓人們過度勞累、把人折磨得筋疲力盡，於是人們在自己勞動中並未肯定自己，而是否定自己；並未感到幸福，而是感到不幸。勞動對人而言已成爲外在的東西，不再是本性的部分，人在勞動中已不屬於他自己，這就是「人與其勞動本性的異化」。

2. 人與其勞動對象的異化

馬克思指出，所謂生產就是將心中單純的觀念，「外化」（externalize）爲實體的過程。具體來說，生產就是人們運用勞動力與創造力，將心中「單純觀念的東西」製造成爲「對象物」或「事態」（即「商品」）的一種過程。這一種藉由人類自我外化的創造產品之歷程，可以在各行各業中看到，如：藝術家雕刻一座雕像；詩人創作一首五言絕句。

既然生產是人類將觀念外化爲產品的過程，按理而言，人的勞動和

產品應該融爲一體。然而資本主義社會卻將自我實踐的勞動價值（將「觀念」藉由勞動創作的「外化」過程），透過產品的控制權，使勞動者不再是產品的擁有者，反而與其產品逐漸疏離了：他工作的時間愈長，生產的東西愈多，剝削也愈大，產品變成了壓迫他的力量。此外，人們在自生產品的過程中，也逐漸忘記勞動是爲了實現自我的目的，開始花錢買自己生產的商品，在消費中獲得滿足，並藉由商品來展現自己的性格；最後，商品似乎成爲有生命的體系，反過來控制人們的生活，這就是「人與其勞動對象的異化」。

3. 人與其人性本質的異化

根據馬克思對於人性本質的形容，他說：「人是一種社會性的類存在。」人固然擁有各人獨特之性格，但又屬於相同的類屬。例如人類擁有理性、意志、感情（愛）等超越個人和屬於人類共同的性格。這使人能夠體認各人的力量並非自身所獨有，而是屬於社會的一部分。馬克思說：「我以人的身分活動，所以我是社會性的。」因此各人所進行的產出，都是「爲社會所產出，而且是在意識到個人爲社會性存在的情況下進行產出。」

馬克思分析在資本主義自由競爭環境下，人的價值等同於物，以生產力判斷人的價值標準，勤加班、能賺錢的才是好員工。人成了工資的奴隸，只爲資本而存在，由貨幣來衡量其價值；勞動者的個性與理想完全不會受到關注，勞動同仁之間爲了工資競爭與仇視，人類的勞動產出因此而喪失了它的社會性本質，這就是「人與其人性本質的異化」。

總之，資本主義以各種可能的方式有系統地破壞人們滿足勞動之需求，「人們愈是流血流汗地努力工作，他自己所創造出的異化對象的世界就會愈強大，而他自己本身的內在世界愈加貧乏，屬於他的東西也會愈加缺乏。」馬克思主張唯有發動革命，構築全新的共產社會型式，才能克服

上述的異化狀態，使人們回歸人性的本質。

二、馬克思主義的理論體系

　　馬克思主義的思想體系是根據其唯物史觀等核心理念所組成的，可區分為三個部分：（一）理論基礎—唯物史觀、唯物辯證法；（二）資本主義論—勞動價值論、剩餘價值論、資本積累論；（三）政治理論：階級鬥爭論、無產階級專政論、共產主義論。

　　關於馬克思主義的理論基礎—唯物史觀，已於第四章第四節有所論述，本章節則分別討論「資本主義論」與「政治理論」兩個部分：

（一）資本主義論

　　馬克思的資本主義論，以「勞動價值論」作為資本主義社會內部分析的起點，發展出「剩餘價值論」、「資本積累論」，旨在揭發資本主義社會的產生、發展及其崩潰的法則。

1. 勞動價值論

　　馬克思的「勞動價值論」源自於洛克。洛克主張產品的價值，是因勞動者對原料付出勞力施工而來，他說：

　　　如果我們要對所使用的東西予以恰當的估價，並且計算出該物所耗的各種費用——其中何者屬之自然，何者本於勞力——我們將會發現其中大

部分有百分之九十九要歸諸勞力。

　　馬克思將洛克的勞動價值論加以發揮，承認唯有勞動才能創造價值，即一切商品價值，都是從勞動中來，他說：「一件有用的物品所以有價值，只是因為有人的勞力消耗在上邊。」同時勞動所創造的價值應該完全歸屬於勞動者所有，他說：「誰耗費勞力製造這物品，誰就創造了這物品的價值；因此，他就有享有這物品的完全價值。」

　　至於勞動價值要如何量化計算呢？李嘉圖在所著《政治經濟的原理》（*Principles of political Economy*, 1817）一書中指出：「任何商品的價值都由某生產時所使用的勞力決定之。」耗費14小時所製造出的1雙鞋子，可以交換以相同時間產生出的1公斤麥子。這種的勞動價值論，是馬克思所衷心贊成的，他說：「勞動量是由勞動時間測量」；「物品價值大小的測量，就是以製造這物品所消耗的時數為標準為轉移。」

2. 剩餘價值論

　　根據馬克思的勞動價值論，商品的價值應該依據消耗的勞動量（工時）來訂定，而商品價值的大小與勞動量的多寡成正比。因此，一個人把他勞力的產品（勞動量）交易時，就應取得耗費同量勞力的東西；然而在資本主義社會中，資本家並未給予勞動者應有的報酬，因而產生了「剩餘價值」（surplus value），略同於「利潤」。

　　馬克思指出，剩餘價值來自於「剩餘勞動」（或稱「無償勞動」）。例如工人在工廠工作，每日工作6小時，即應得工資美金12元（假設），這6小時可稱「應付勞動」（或稱「有償勞動」）；而資本家增加工時2小時，計每日8小時，則這2小時為剩餘勞動。勞動有勞動的價值，而剩餘勞動則有剩餘價值。資本家在工人應付勞動工時之外，增加工時，即攫取了剩餘勞動，亦就是攫取了剩餘價值。設勞動價值為每小時美

金2元，每日增加工人勞動2小時，即攫取了剩餘的勞動價值美金4元；又設某工廠有工人5千人，則資本家每日可攫取剩餘價值美金1萬元。由此可知，剩餘價值（利潤）是來自工人生產的價值，減去資本家支付給他們的薪資的餘額。馬克思認爲資本家要增加利潤和所得，可從增加工時或減低工資兩種方法，以攫取工人的剩餘價值。

(1)增加工時：亦即延長勞動時間，實施超時勞動。在延長勞動時間所作的剩餘勞動，資本家並未給予工資補償。這是直接榨取勞工獲取剩餘價值的方法。

(2)減低工資：由於延長勞動時間要受生理、道德與法律等各種的限制，資本家於是以減少工資的方式來增加剩餘價值。因減少工資，就是減少資本家的支付，也就是間接創造剩餘價值的方法。

3. 資本積累論

根據剩餘價值的理論，馬克思又提出「資本積累論」，以說明工人生活的貧困是由於資本家「資本積累」的結果。馬克思所謂「資本積累」，照他的解釋就是：「把剩餘價值轉化爲資本，就是資本積累。」所以剩餘價值是資本積累的源泉，而資本積累則是擴大再生產的導因。

根據剩餘價值的理論，馬克思提出了資本積累論的三種法則：一是資本家積蓄法則，認爲資本家以利潤的方式獨得全部的剩餘價後，並不會將它消耗，而是累積起來，轉化爲再生產的資本；二是資本集中法則，資本家與資本家相互競爭，大資本家兼併同業，獨占市場，因而造成資本的集中；三是貧困日增法則，資本的積累導致勞動生產率的提高，但生產力愈大，剩餘勞動人口愈多，成爲資本家的「產業後備軍」（Industrial Reserve Army）。這樣就會形成資本主義社會週期性的經濟恐慌，加深無產階級與資產階級的矛盾對立，最後無產者成了資本主義制度的掘墓人，必然會起來推翻資本主義社會，無產者就可以在資本主義的廢墟上，重建

一個共產主義的「烏托邦」。

（二）政治理論

馬克思的政治理論可劃分為三個部分來研究。一是政治的方法——階級鬥爭論，認為國家是階級鬥爭的產物，是一個階級壓迫另一個階級的工具；二是政治的過渡——無產階級專政論，它是階級鬥爭的延續，是過渡到社會主義社會的必經之路，認為必須實行無產階級專政，才能消滅階級，使國家自然凋謝（withers away）；三是政治的理想——共產主義論，亦即以資本主義為基礎，階級鬥爭為方法，無產階級為號召，以實現一個所謂「各盡所能，各取所需」的共產社會。

1. 階級鬥爭論

馬克思的政治經濟學是以階級鬥爭為前提，假借無產階級的立場，提出工資問題，建立勞動價值論等學說；強調資本家對勞動者的剝削，也就是以經濟利益說明階級鬥爭，企圖推翻資本主義社會。

馬克思以唯物辯證的觀點指出，「一切社會的歷史，都是階級鬥爭的歷史。」所謂「階級」可區分為二：掌控生產工具者，與未掌控生產工具者；這兩大階級間的衝突是推動歷史發展的原動力。在資本主義社會中也可區分為兩大階級：一是占有生產、分配、交易工具的資產階級，一是沒有生產工具，只有勞力的無產階級。資產階級挾持其至高無上的經濟優越力量，得以成功地掌握政權亦成為國家的統治階級，進而運用新的工具與方法，去有效榨取及統治窮困的無產階級大眾。

馬克思指出，現有的國家及其組織乃是資本主義經濟勢力的反應，亦是階級鬥爭所形成的事實的一部分：國家乃是資產階級用以壓迫榨取無產

階級的有效工具；現代政府只是資產階級的執行委員會，其主要的任務，在制定法律，頒布命令以安定經濟關係及維持財產制度。但資本主義隱藏著破壞的種子，即被榨取壓迫的無產階級開始覺醒、團結，進而產生強烈的階級意識，自認其人數眾多，力量雄厚，地位重要。無產階級者亦深自悲憤，抱怨懷恨的自嘆，富者為何富有如彼，享盡人間快樂貧者為何貧困如此，受盡天下痛苦，於是對資本家的敵視與仇恨亦日見增長。他們深切認識社會上一切的生活物品，都是他們的勞力製造出來的，所以貢獻最大；然而所得到的僅是勉強溫飽的微薄工資，事理不平，心懷憤怨，階級鬥爭的形勢必日趨尖銳化。但資產階級所御用的國家，使用其所謂警察權及雇傭的軍隊以為鎮壓，期以繼續維持其統治，因為統治階級絕對不會自願地拋棄其利益及讓出其統治權。

　　當資本主義社會危機擴散至最高點時──資本主義極度發展、無產階級被剝削到極點、人民失業、國家極度壓制時，自然就會展開社會革命，進行激烈的階級鬥爭。無產階級革命的具體步驟有三：第一步，工人或無產階級聯合起來，加強力量，爭取工資，反對資本家的榨取。第二步，工人或無產階級發現所有的生產工具及最偉大的生產力量，事實上都掌握在這革命（無產）階級的手中。他們乃能團結起來，採取行動變更生產勢力，推翻原來主人的資本家。第三步，由於生產力（經濟基礎）的改變，依照唯物史觀及其辯證法則，政治秩序與法律體系（上層建築）亦即隨之而起發生變革，無產階級最後便取得政治的權力。

2. 無產階級專政與共產主義社會之建立

　　馬克思對於資本主義社會以後的社會性質及形態很少論列，不過他曾明白指出，在資本主義毀滅與新秩序建立──共產主義真正實現前之間，必須有一個過渡或轉變的階段，他稱這階段為「無產階級專政」（dictatorship of proletariat）時期。為要獲致勝利的全功，肅清舊社會的陳跡及

消滅殘存的階級區別，這一專政的過渡時期實是必要的。這種獨裁政權存在的目的只是為了清除資本主義的最後遺跡，完成掃蕩餘孽的工作後，國家便凋謝而去。自此之後，在新的無產階級社會中領導人類歷史發展的便是整體社群利益，而非資本主義下的剝削者利益。

　　無產階級專政的過渡步驟如下：第一步是起而奪取政權，成為統治階級。第二步便從資產階級奪取所有資本，集中所有生產工具於無產階級所統治的國家之手。這時的國家是由無產階級控制，並消滅資產階級。無產階級專政的目標，乃是消滅階級與階級對立，進而消滅國家的權力。到了共產主義實現，階級和對立都不復存在，達到了無階級的社會，政治權力也就沒有了（因為政治權力是一個階級壓制另一階級有組織的權力）。從而國家也就如恩格斯所說的：「不是廢除，而是凋謝。」

　　在國家消逝後的社會裡，既無階級衝突，亦無榨取制度，所有的各階級將融化為一個階級──「無階級社會」（classless society），這時候，一個「各盡其能，各取所需」的共產主義社會即告出現。馬克思說：

　　在最高級形式的共產主義的社會裡，不再使個人成為勞力分工的奴隸；同時勞力者與勞心者的對立亦隨之消失。這時，勞動不僅是謀求生計的手段，亦是生活上的最高願望，於是各人都會盡其所能地從事勞動，生產力因此大為增加，社會財富淵泉大為旺盛，而能有暢達充沛的流通。這個新社會的旗幟是：「各盡所能，各取所需」。

結語

　　馬克思的著作撰寫於19世紀中葉，距今已超過150年了。在20世紀初，蘇聯、中國大陸以及東歐、中南美洲、亞洲許多國家，似乎是朝向馬克思所預言的共產主義方向發展。然而自1989年起，蘇聯現已不再存在，而且東歐各國也相互競爭，看誰能最快速地變成眞正的資本主義國家。再看看擁有世界人口五分之一的中國大陸，雖自稱是具有「中國特色的社會主義」國家，但其異常快速的經濟發展之所以能夠成爲當今世界的第二大經濟體，主要是由於中共政權某種程度也遵循著資本主義的經濟路線來發展之故。

　　這是否意味著曾遊蕩於世界的「共產主義的幽靈」已經被自由主義所驅除了呢？若如此認爲，似乎有過於武斷之嫌。誠如孫中山先生的評論：「馬克思只可說是一個社會病理學家，不能說是一個社會生理學家。」孫中山先生批評馬克思只看見社會進化的毛病，沒有看到眞實社會進化的原理，故未能提供眞正實踐之良策。無論如何，馬克思對資本主義的批判確實有其道理，即使在美國這個最富有的資本主義國家，在今日資訊社會昌盛的年代，仍存在著嚴重的貧富差距，有成千上萬無家的男女遊民露宿街頭，但同時卻有許多的房屋因沒有人花錢承租而空著。2011年9月發生著名的「占領華爾街運動」（Occupy Wall Street Movement），即是抗議美國社會財富分配不公，他們的口號清楚明瞭：「貪婪的百分之一對抗被苛待的百分之九十九（the greedy 1% versus the hard-done-by 99%），抗議經濟資源被社會極少數百分之一的富人把持，其它百分之九十九的人卻受到不公平的待遇，貧富差距懸殊，讓他們無法再忍受下去。該運動不僅蔓延到了全美國上千座大小城市，而且也擴散到等其他國家，可見影響之廣泛。

2018年11月，法國的「黃背心運動」（yellow vests movement）亦是貧富差距下的產物。該運動是一場從原先抗議政府調高燃油稅的示威活動，逐漸發展為數十萬勞工階級對抗法國權貴的大規模暴力抗議活動。有抗議人士在凱旋門外寫上「推翻資產階級」，其原因是法國政府以打擊氣候變遷為名，調高汽油燃料稅，這激怒了依賴開車往返工作城市的低薪勞工。與此同時，法國馬克宏政府又執意取消富人稅，想藉此鼓勵富人們把資產留在法國，但對抗議者來說，政府就是替資產階級減稅、向普羅大眾加稅，對比之下，怒火更熾，遂發生猶如「內戰」般的暴力示威活動。

　　未來人類社會發展的良方應該如何呢？工業時代資本主義的自由競爭，與分配之不當的現象，並沒有因全球化資訊社會的來臨而有所改善。今天談如何分配問題，我們不能不追想起革命先行者國父孫中山先生對此一問題的看法，他的民生主義學說對我們仍具有重要的借鑒和啟發意義。孫中山先生說：

　　就民生主義來說，人類生活中最合理的方式，是一切人民經濟平等，無相互壓迫榨取之事，而且要使社會上大多數利益相調和，能夠真正做到「均無貧，和無寡，安無傾」的地步。

孫中山先生以建立一個均富的社會，作為民生主義的理想目標。所謂均富者，既要發達生產以求富，還要合理分配以求均，而經濟平等則是達到均富社會境界的前提。

　　民生主義思想乃三民主義思想之一，雖是百年前所創，但其內容，尤其是民生主義，卻多能切中當前時弊。例如，國內目前仍在爭論的高房價和時價課稅問題，孫中山先生早就觀察到了。當時國父所提出地價、房價的解決辦法之一，就是照價徵稅（地價稅）和漲價歸公（增值稅），而這也正是達到人人經濟權利平等的基本條件。國內貧富差距越來越大，如何

能實現均富、安和、共享的大同社會，應可從三民主義中尋求解方，以解決全球化資訊社會所造成的民生問題。再說，我國的立國精神與憲政基礎是三民主義，我國憲法第一條開宗明義寫道：「中華民國基於三民主義，為民有民治民享之民主共和國。」就更應力求貫徹憲法，以使我國邁向一個均富祥和的理想社會發展。

延伸閱讀 ·

亞當‧斯密（Adam Smith），《圖解國富論》，宗育民譯。臺北：華崴國際，2019。

姜新立，《解讀馬克思》，臺北：五南，2010。

約翰‧斯圖亞特‧密勒（John Stuart Mill），《論自由及論代議政治》，郭志嵩譯，臺北：協志工業，1991。

約翰‧斯圖亞特‧穆勒（John Stuart Mill），《效益主義》，邱振訓譯，臺北：暖暖書屋，2017。

孫中山，〈三民主義（十六講）附錄：民生主義育樂兩篇補述〉《國父全集第一冊》，秦孝儀主編，臺北：近代中國，1989。1-232頁。

馬克思、恩格斯，《共產黨宣言》，中央編譯局譯，黃瑞祺導讀，臺北：五南，2016。

馬克思原著，久恒啟一編著，《圖解資本論》，劉名揚譯，臺北：漫遊者文化，2011。

密爾頓‧弗利曼（Milton Freedom），《資本主義與自由》，謝宗林譯，臺北：五南，2016。

研究與討論 ·

1. 為何說洛克的社會契約論與自由主義的關聯最為密切？其學說對後世有何影響？

2. 請從「資本」、「自由放任」、「一隻看不見的手」、「自由競爭」這些關鍵詞，說明亞當斯密的自由放任經濟思想。

3. 彌爾對古典自由主義思想做了哪些修正？請從「最大多數的最大幸福」的性質（「量」與「質」）、對象（「利己」與「利他」）、目的（「自由」的價

值）分析說明之。

4. 人們在閱讀馬克思的著作卻不感到一種洶湧激盪的道德憤怒是不可能的。馬克思對資本主義的強烈批判乃是因為它有三個不合理，說明之。

5. 馬克思的「資本主義論」核心理念有三：「勞動價值」、「剩餘價值」、「資本積累」，試說明內涵以及關聯性。

6. 馬克思以唯物辯證的觀點指出：「一切社會的歷史，都是階級鬥爭的歷史。」試從「階級鬥爭論」、「無產階級專政論」、「共產主義論」說明人類社會如何由資本主義社會發展為共產主義社會。

7. 若是自由與平等二者不可兼得，從本章的學習中，你認為自由主義與社會主義二種主義中，哪一種主義與「公正」的距離較為接近？

第十章　戰爭哲學

　　戰爭與人類知識的起源有著某種程度的關聯性。哲學起於驚駭，戰爭對人類社會所造成的衝擊是一種驚駭，使人類必須對這個現象予以重視。這可從中、西古老的詩篇如《詩經》、荷馬的史詩、《奧德賽》、《伊利亞德》等均已記載戰爭爲重要內容作爲例證。

　　從人類爲求生存，初起與動物的戰爭，到人類建立社群、部落、民族、國家而形成有組織式的戰爭發生，戰爭成了提供人類建構知識的一個重要現象，例如中國知識創造時期的春秋時代，即將戰爭視爲國之大事，《左傳‧成公十三年》記載：「國之大事，惟祀與戎」。古希臘人修昔底德的《伯羅奔尼撒戰爭史》，對於希臘大戰（雅典與斯巴達兩個陣營）的著名結論——「使戰爭不可避免的眞正原因，是雅典勢力的增長和因而引起斯巴達人的恐懼。」此一結論，被後世學者稱之爲「修昔底德陷阱」（Thucydides's Trap），也是當今國際關係現實主義學派權力均衡理論的理論基礎來源。此外，當時哲學家柏拉圖、亞里斯多德除了對伯羅奔尼撒戰爭造成的後果有所關注外，也影響了他們的戰爭觀。如柏拉圖認爲戰爭是由於國家採取擴張政策而引起的，但國內的不滿因素則是向外擴張的主要動力。他還認爲戰爭既不可免，「國衛」必須是戰士，也是哲學家，才能有足夠的勇氣與智慧戰勝敵人。

第一節　何謂戰爭哲學

就「戰爭哲學」的定義言，國內研究通常是引用蔣中正的定義。蔣中正將戰爭哲學與軍事哲學視為同義語，對於戰爭哲學的定義如下：

軍事哲學（戰爭哲學）乃是在應用哲學的原理、法則，將過去的戰爭史蹟，與現實的戰爭性質以及精神有關問題加以綜合研究，而得到統一的戰爭理論之學。根據這個理論，就可以正確地了解戰爭的本質和形態，來控制戰爭和指導戰爭。

這個定義反映出戰爭哲學乃是統一的戰爭理論之學，並尋求在對戰爭的本質和形態作根本的研究後，來達到控制戰爭和指導戰爭的目的。

在西方，依據費舍（James Fieser）與道登（Bradley Dowden）所主編的《網際哲學百科全書》（*Internet Encyclopedia of Philosophy*），對戰爭哲學（Philosophy of war）的解釋如下：

從哲學研究戰爭要從非常普遍性的問題開始：何謂戰爭？可以作何種定義？什麼原因造成戰爭？人性與戰爭的關係為何？要到達什麼程度人類才被認為應承擔戰爭？戰爭哲學就是要進一步彙整這些特定的和實際的道德與政治問題，例如：進行戰爭總是對的嗎？是否有某些戰爭行為是不被允許的？宣戰的合法性權威為何？個人與他在軍隊中的同袍或同胞間的道德和政治關係為何？戰爭哲學涵蓋理論的與應用的領域。

西方對戰爭哲學的界定，整體上與我國相類似，除了強調對戰爭的基本認識與評價外，也重視理論與實踐（應用）的相結合。惟西方在對於

戰爭的合法性與正當性，如戰爭到底對不對、應不應該、誰有資格進行戰爭，在其戰爭哲學的思辨裡受到相當大的重視。這大概是因爲西方在經過兩次的世界大戰後，對戰爭的研究除了探討大戰的「起源」或「爆發」原因外，更陷入「誰應負責」的爭論中所使然。

戰爭哲學作爲一個知識領域，屬於應用哲學──「實踐的哲學」，稱「價值哲學」，是屬於哲學的「用」，在人類活動與知識的任何領域裡，都能產生有關某些領域或某種主題的哲學問題。如果這些問題多到足夠形成一個學科，那麼就可用有關的領域或主題來命名爲「某某哲學」，所以科學哲學家庫恩（Thomas Kuhn）將「科學哲學」與「法哲學」相提並論。我們認爲戰爭哲學也與法哲學、政治哲學有類似之處，都是指某個領域或某種主題的哲學。

戰爭哲學作爲一個知識的研究領域，可以如同哲學或其他應用哲學般，是以人的思想爲主體，結合人類社會（戰爭）現象所建構的一門知識。歷史哲學家柯靈烏（R. G. Collingwood）認爲「哲學是一個第二層次的思考」，他說：

> 哲學是反省的。一個哲學性（philosophizing）的心智從不會只思考一個對象，當在思考任何對象時，它通常也同時想到自己對該對象的想法，因此，哲學或可稱之爲第二層次的思考──思想的思考。例如，發現從地球到太陽的距離，是第一層的思考之任務，這個例子是天文學；當我們發現從地球到太陽的距離時，而能發現我們真正自己要做些什麼，這就是一個第二層次的思考之任務，這個例子是邏輯或科學理論。

如同歷史哲學般，戰爭哲學也是一種思想的型態──思想的思想或第二層次的思考。這就是說，在戰爭哲學中，我們除了研究戰爭這社會現象，更要研究並思考戰爭現象的本質問題、認識問題與價值問題，這是我

們在研究戰爭哲學前所必須理解的問題。

　　戰爭哲學涉及的範疇，係採用哲學研究的範疇為基礎：本體論，以戰爭本質研究為主；認識論，對戰爭的基本問題作辯證與批判式的研究；價值論，主要是探索戰爭觀、戰爭倫理；實踐論，以研究軍人武德為主；藝術論，著重於戰爭的原則及其與科學、哲學之關係。此一範疇之立論基礎是認為，既然哲學研究是屬於人類整體的根本問題的研究，而戰爭是人類整體問題中的一個現象，自然可以運用哲學研究的範疇來研究。事實上，在應用哲學的研究中，如歷史哲學、政治哲學與社會哲學，通常也會採取類似的方式。

第二節 研究戰爭哲學的重要性與目的

一、研究戰爭哲學的重要性

　　戰爭是人類社會生活的一部分，它是一種「團體間有組織的武裝衝突」（organized armed conflict between groups）。就歷史的演進過程言，戰爭通常被視為「反常的現象」（abnormal phenomenon）；但就發生的頻率言，戰爭卻是人類歷史持續的活動。在被認為是「戰爭之終結」的後冷戰時期，武裝衝突依舊存在。依照斯德哥爾摩和平研究機構（*Stockholm International Peace Research Institute*, SIPRI）的統計，將死亡人數至少1,000人界定為重大武裝衝突或戰爭，則自1990年至2008年分別在81個不同的地區發生160場戰爭，這些戰爭造成300萬人以上的死亡。

　　戰爭既不可免，為了生存與和平，就必須有所因應。研究戰爭哲學可使我們能夠真正地認識戰爭，只是許多實際從事戰爭或研究武力運用的人，未必能真正認識戰爭；也有許多人雖致力於和平的空想，卻忽略戰爭的現實性，凡此對於戰爭的不了解常帶來無法挽回的災難。其原因在於，不能根本認識戰爭，與我們日常生活中的其他活動所遵循的線形邏輯是相牴觸的，例如，我們不會對「若求和平，必先備戰」此語產生懷疑，但若仔細深究，此語並非一般知識的線性邏輯關係，而是正反對立的辯證思維。平常我們如果這樣說：「若要減肥，就要多吃；若要致富，就要少作賺錢。」必然會被引起「你有沒有說錯？」的質疑；然而在戰爭的領域中，像「若求和平，必先備戰」這樣的用語卻是受到肯定的。因為戰爭常促使相互對立的雙方（事務或現象）趨於一致，甚至形勢互易，因而與一般線形邏輯背道而馳，所以往往會使自相矛盾的行為相依共存，例如，彈

道飛彈防禦系統的建造，雖是從事防禦準備，卻具有「侵略性」與「挑釁性」的意涵，導致衝突的升高；戰爭邊緣策略（brinkmanship）的運用，雖具攻擊性，卻常促進和談的意願。法國名將薄富爾（André Beaufre, 1902～1975）說：

　　戰略不過是一種達到目的的手段而已。替戰略決定目標的是政策，而政策又受到一種基本哲學思維的支配。……所以人類的命運是決定於哲學思想和戰略的選擇，而戰略的最終目的也就是要嘗試設法使那些哲學思想能夠發揚光大。

　　可見戰爭哲學研究是非常重要的。無論是對於戰爭本身或是戰爭哲學的研究，常影響到達成世界和平理想的可能性與維持能力，對於一個國家而言，則會影響該國的國防政策、建軍思想與戰略構想。

二、研究戰爭哲學的目的

　　基於對戰爭哲學重要性的認知，戰爭哲學的研究具有學術與實用上的目的。就學術目的而言，戰爭的研究是無止境的，戰爭在人類歷史出現已過數千年，不同的人對戰爭的看法未必一致。要想真正對戰爭本質做一個完整的解釋，仍有待進一步的學術研究。戰爭哲學是對戰爭問題的根本研究，雖屬於規範性的理論研究，然並不是單純的史實材料或對若干戰爭典籍的再闡釋，而是要進一步建構一個符合研究邏輯的知識體系架構。

　　至於戰爭哲學研究的實用目的有二：一是戰爭修養的培養，一是戰爭

實踐能力的培養。戰爭修養是指一個軍人或從事戰爭者應有的戰爭哲理與武德德行。我們認為，撤除政治或其他引發戰的原因不談，軍人或從事戰爭者應以孫子所說「善戰者之勝也，無智名、無勇功」（《孫子兵法・軍形篇第四》）、「進不求名、退不避罪、惟民是保」（《孫子兵法・地形篇第十》）作為武德實踐之準據。在此準據之下，軍人或從事戰爭者必然對於「生與死」、「仁與忍」、「常與變」、「戰爭與和平」這四個戰爭哲學基本理念有正確的認識，以謹守一個軍人或從事戰爭者應有的分際，不至於為個人私欲或狹隘的意識形態型（如種族、宗教、文化）等因素，而任意發動戰爭或濫殺無辜。另外，因有「惟民是保」的認知，必然較易產生道德勇氣，履行軍人或人民託付之職務，而不會畏懼戰爭。

　　戰爭哲學研究的另一實用目的是培養戰爭實踐能力。藉由戰爭哲學理念，透過對歷史、經典的理解與詮釋，可深化我們對於戰爭本質的認識，以及從不同的視野來思考戰爭研究，並對於戰爭實踐過程中的戰爭目的、手段以致各種戰爭原則作判斷與運用，內化形成自己的戰爭哲學基本理念與對戰爭本質的價值認識，作為自己戰爭修養的依據及制定戰爭活動的最高準則。

第三節　戰爭本質與要素

　　戰爭本質是指形成戰爭現象不變的基本屬性，包括：「政治」、「暴力」與「摩擦」三者。暴力、政治與摩擦三者是戰爭之所以為戰爭的內在性質，也是戰爭本身所固有之特點，所以是戰爭的本質。戰爭要素是指構成戰爭力量的必要因素，因為戰爭現象係藉由人類對各種「力量」的運用與組織才能表現出來，所以戰爭本質的研究還應探索構成戰爭力量的必要因素。唯有認識戰爭本質及其要素才能真正掌握「何謂戰爭」這一問題。

一、戰爭本質

　　中外學者對戰爭本質均有其看法，近代探討戰爭的本質，通常多以克勞塞維茨（Carl Von Clausewitz, 1781～1831）《戰爭論》（*Vom Kriege*）的理論做基礎來論述，故本文先以克氏之觀點為綱要，闡釋戰爭本質之內涵，進而與中國兵家學者（以孫子為主）所提戰爭本質之內涵作一比對，以充分探究戰爭本質之內涵。

（一）克勞塞維茨論戰爭本質

　　克勞塞維茨認為，研究戰爭必須「先對整體有一個概括的了解，因為研究部分時必須要考慮到整體」。此言欲了解戰爭須從戰爭本質著手，以正確而全般地了解戰爭。克勞塞維茨認為戰爭是由非常複雜的互動所組

成，隨時都在變，它將此現象形容成一隻「變色龍」（chameleon），由「政治」（politics）、「暴力」（violence）、與「摩擦」（friction）所組成。政治、暴力與摩擦各有其主體，此三者即為政府、人民與軍隊，即所謂「戰爭的三位一體概念（如圖10-1），並被視為戰爭本質的內容。

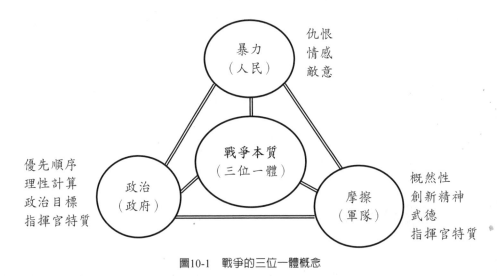

圖10-1　戰爭的三位一體概念

　　克勞塞維茨認為「戰爭是迫使敵人服從我們意志的一種暴力行為」。軍隊是暴力的執行者，運用暴力行為是為了達到政治目的，所以「戰爭無非是政治透過另一種手段的繼續」。戰爭是政治與暴力的結合，戰爭遂成為有組織之暴力行為的極端形式所表現出來的「政策」（policy），所以軍隊遂被視為政策運用的工具，也因此必須接受政策的指導。戰爭的行使雖經過理性的計算，並不斷在戰具、戰法上發揮創意（軍隊之「創新精神」），以求克敵致勝。但真實的戰爭絕非孤立的行為，且「人由於其不完善的機體而總不能達到至善至美的地步」，現實世界是受到「概然率法則」（laws of probability）的支配，使戰爭行動成為一種「概然性的計算」，而無法正確預測其結果。戰爭是充滿「危險」、「勞累和

痛苦」、「不確實性」和「偶然性」的領域，這些是「構成戰爭氣氛的因
素，是阻礙戰爭活動的介質」。危險、肉體的勞累是戰爭中的自然抗力，
構成了戰爭的「摩擦」，而情報的不確實性，則構成「戰爭之霧」，使事
實與期待時常發生落差。「要想在這種困難重重的戰爭氣氛中安全地順利
前進，需要感情方面和智力方面一種巨大的力量，才能克服這些阻力」。

（二）孫子與克勞塞維茨論戰爭本質的比較

在中國古代兵書典籍中，並未對戰爭做出直接的定義，都是一種觀念
的表達以及本質性的定義。老子、曹操（155～220）等人將戰爭視爲兇
危之事：

老子説：「兵者不祥之器，非君子之器。」（《道德經‧三十一
章》）
曹操説：「兵者兇事，不可爲首。」（《三國志‧武帝紀》）

荀子將戰爭視爲維護正義的工具，他說：

「兵者，所以禁暴除害也，非爭奪也。」（《荀子‧議兵篇》）

老子、曹操、荀子等人的戰爭觀念，除了均認爲戰爭具有殘酷的暴
力本質外，還賦予了戰爭的倫理意涵，即雖未極端地否定戰爭，卻主張
戰爭須愼重爲之。至於墨子則以「兼愛非攻」來反對戰爭的存在，墨子
（約468～376 B.C.）說：「視人之國若其國，誰攻？故諸侯之相攻國者
無有。若使天下兼相愛，國與國不相攻，則天下治。」（《墨子‧兼愛

上》）。儘管如此，墨子卻未「非守」，攻是主動的，一國可以主動不攻他國；守是被動的，為了生存，被攻者非守不可。所以《墨子》一書中〈備城門〉以下十一篇所談的全是守備之道，墨子認為，戰爭的本質是自保，也賦予了戰爭的倫理意涵，只是「兼愛非攻」理想過高，行之非易。

與上述兵家學者相對照，孫子（545～470 B.C.）的戰爭觀念較為完整，他說：

> 兵者，國之大事，死生之地，存亡之道，不可不察也。（《孫子·始計》）

我國近代兵學大師蔣百里將之視為對戰爭做廣義性的界定，認為孫子所謂之「兵」即「戰爭」之謂，兼顧「用兵（即戰時運用軍隊）制兵（即平時建置軍隊）二事而言之」。此外在孫子的戰爭觀念中，除認定戰爭具暴力的本質外，尚留意戰爭的政治性效果。可見孫子對於戰爭本質的闡釋與其他兵家學者相比，較具有周延的內涵。儘管如此，《孫子兵法》與《戰爭論》對戰爭本質的分析存在重大的差異。孫子對於戰爭的概念較為寬廣，他對於各種不同外交戰略的運用的重視程度，超過了單純戰爭手段的討論。對孫子而言，外交是達到他不戰（流血）而勝的理念的最佳手段，《孫子·謀攻篇》說：

> 百戰百勝，非善之善者也，不戰而屈人之兵，善之善者也。
>
> 故上兵伐謀，其次伐交，其次伐兵，其下攻城。
>
> 故善用兵者，屈人之兵，而非戰也；拔人之城，而非攻也；毀人之國，而非久也。

孫子的戰爭概念較克勞塞維茨的寬廣，在克氏的著作裡，特別專注

於進行戰爭的藝術（the art of waging war），而未重視戰爭前中後的外交工作。對孫子來說，外交和戰爭不只是關係密切，它們更是密切結合的連續活動；對克勞塞維茨而言，戰爭與外交是獨立的個別事項，並非如孫子所說是一個整體的現象。克勞塞維茨認為當外交活動失敗後，若彼此之衝突對峙未嘗妥協，則進入戰爭狀態。克勞塞維茨的《戰爭論》以討論「戰爭」為焦點，故未對「外交」有所討論，因為他強調戰爭必然是流血的衝突，這也是戰爭與其他衝突最根本的區別之處；也就是如此，戰爭的活動不包含外交活動，因為任何想要不流血而獲勝是不可能的。孫子的戰爭指導涉及政治（外交）、經濟、軍事、心理（謀略）各層面，而克勞塞維茨則將焦點置於較低的軍事戰略或作戰層面。在克勞塞維茨的理念中，雖將政治地位置於戰爭之上，但他對戰爭卻鮮有最高層次的戰略分析，致使在他的戰爭論中並未將外交、經濟、心理等層面問題納入戰爭的分析之中。

二、戰爭要素

戰爭要素是指進行戰爭的必要組成因素，也是戰力的泉源。戰爭要素的內涵，因時代及戰爭性質的不同，頗有不同解說。

整體而言，中國兵家學者對於戰爭要素的解釋，在理論上為心、物二元，在運用上則為精神、物質、人三要素。孫子算是早期研究戰爭要素的學者，在《孫子·始計篇》就提出決定戰爭勝負的「五事」（「道、天、地、將、法」）、「七計」（「主孰有道？將孰有能？天地孰得？法令孰行？兵眾孰強？士卒孰練？賞罰孰明？」），這些涵蓋了戰爭指導、自然地理、將道、物質、精神、組織紀律等基本因素。依據《國軍軍事思想》

指出，戰爭要素內涵一般以人力、物力（資源）與領域為基礎要素；而現代戰爭為總體性，須舉全國國力以從事戰爭。國家將上列各項基本要素，透過政治、經濟、教育、軍事等管道，加以組織運用，成為政治力、經濟力、心理力及軍事力，合稱為四大國力，乃遂行現代戰爭的四大要素。

戰爭要素雖然具有各種不同的解說，一般在分析戰力問題上通常是採用物質力量與精神力量的畫分。除了精神與物質戰力外，戰爭的要素又須要有供其運作的組織制度，以將精神力量與物質力量相結合，發揮出最大的戰力。綜合而言，戰爭的要素，或是戰力的泉源主要有三：精神因素、物質因素與組織因素。

在各種戰爭要素中，究竟孰輕孰重，存在著不同的見解：精神重於物質、物質重於精神、精神與物質應該並重。大部分的兵家學者多認為精神與物質必須並重，當然所謂「並重」並不是五比五的關係，而是一種權衡的關係，視所能掌握的物質與精神狀況而定。克勞塞維茨認為「軍事活動並非僅僅針對物質因素，它同時還針對使物質具有生命力的精神力量，二者不能分開。」最理想的狀態是，盡可能地擁有優勢的物質力量，然後掌握精神與物質的辯證關係，使精神力量隨著物質力量而倍增，最重要的是又能以組織有效的結合戰爭諸要素為致勝之本。

第四節 戰爭哲學的基本理念

　　若就知識論所涉及的內容來看，一個完整的戰爭知識，應當涵蓋戰爭知識的來源、戰爭知識的性質，以及戰爭知識獲得的方式及其判斷之依據。對於戰爭知識的獲得及其判斷的內容，可以歸納出「生」與「死」、「仁」與「忍」、「變」與「常」、「戰爭」與「和平」四大問題，我們將其稱為「戰爭哲學的四項基本理念」或基本認識問題。選此四大問題的理由是：第一，只要有戰爭必然發生族群、國家的存亡與人員的傷亡，這就引發戰爭的「生」與「死」問題。「生」與「死」可說是戰爭現象中對生命價值或存在意義的認識問題。第二，戰爭常引起死亡及殘忍的殺戮現象，引發人們為何而戰（目的）、如何進行戰爭（手段）等問題的深入思考，從認識的本質言，這是戰爭道德的問題，也就是戰爭的「仁」與「忍」的問題。第三，戰爭的過程及戰爭的實踐常因人類的組織、知識、科技、經驗等因素的增長與累積，而使戰爭形態有所改變；然在歷經戰爭實踐過程中所形成戰爭的原理、原則，是否亦因時間、空間的改變而有所變化，或是戰爭經驗與原則是否適用於各類型戰爭，這就是戰爭認識的「變」與「常」問題。第四，戰爭不斷地在人類社會發生，對人類社會影響至鉅，人們對戰爭的態度評價不一，戰爭的功能有正有負。人類是不是一定要或有戰爭？人類和平的可能性為何？能夠用戰爭來達到和平嗎？還是要建構出和平的社會才能使人永久和平？這些形成了戰爭認識中「戰爭」與「和平」的問題。

一、從生存與生命價值上認識「生」與「死」的問題

　　求生存是每一生物的天賦本能，人也不例外具有求生的意識。人類的存在，兼具生存（survival and extention）、生活（living）、生命（life）三重層次與意義。人類因意識到必朽（死亡）與對不朽的追求，深深影響著人類的生命策略。英國社會學家包曼（Zygmunt Bauman, 1925～2017）認為：

　　人類對必朽議題天問般的詰難，使得人類具有神格（God-like）。因為知道必死，所以我們忙著創造生命。……若無必朽，就無不朽。若無必朽，便無歷史文化—人性（humanity）。

　　生與死的問題，向來是哲學家在探究人生論的重要問題之一。蘇格拉底（Socratic）曾對希臘公民們慷慨陳詞，自證他是一個「堅守崗位，視死如歸」的公民戰士，更是一位「秉承天意」，負責「探究人生」真理使命的哲學家，他說：

　　各位雅典鄉親，當年我奉各位推選的部隊統帥之命，先後參加波提地亞、安菲波里與狄里姆三次戰役，堅守崗位，視死如歸，與他人無異。如今，我秉承天意——我個人是這麼認為——實踐哲學家探究自我與他人的使命，如果會因為生命堪虞而棄守崗位，我的行為勢必難以理解。如果我會貪生怕死而違逆天意，昧著良知而自詡為聰明睿智之輩，同樣是難以理解。

戰爭賦予個人生命意義，托爾斯泰（Tolstoy, 1828～1910）在《戰爭與和平》（*War and Peace*）一書中描述戰爭的效果：

> 每個將領、士兵都知道自己的重要性，覺得自己不僅是人海中的一粒沙，同時也了解自己是團體的一分子。

戰爭是集體求生的武裝衝突，常表現出集體的動員與對抗，以尋求集體的永恆，也是一種是「追求自我」（the need to be and individual）與「歸屬群體」（the need to be part of larger whole）這兩種驅力相結合的一種辯證式的衝突，使戰爭產生了人性的價值與意義，即不論用任何意義的字來表達，死亡就是生命的否定。然而當人們願意隨時為社群（民族、國家）與共同信念而犧牲時，生命將因戰爭的歷程而獲得肯定。更進一步地體恤「我生國死、我死國生」的生死辯證，襯托出「犧牲即永恆，貪生則死亡」的哲理。

二、從戰爭道德上認識仁與忍的問題

戰爭道德觀包括戰爭發起的正義性與戰爭手段的目的性，其基本觀念在於仁與忍的問題。仁就是仁愛，就是殘忍，是兩個如同生與死是對立的概念，最常說的觀念就是：「對敵人仁慈，就是對自己殘忍。」

在我國的戰爭哲學中，仁與忍的問題可從孫子所謂「智、信、仁、勇、嚴」五德來了解它，這五德係以仁為中心。行仁必須由「為仁由己」的觀點發為救國救民的責任感，故樹德務滋。對同胞出於「仁」，對敵人

出於「忍」，由「忍以濟仁」的觀點，而變爲「殺以止殺」的敵愾之心。如荀子說：「仁者愛人，故惡人之害之也；義者循理，故惡人之亂之也；故兵者，所以禁暴除害也，非爭奪也。」（《荀子・議兵》）「禁暴除害」便是荀子所認爲的戰爭目的。吳起對此更進一步的指出、戰爭能力是實踐仁義政治的基礎。吳子（440～381 B.C.）說：

　　當敵而不進，無逮於義矣，僵屍而哀之，無逮於仁矣。（《吳子・圖國第一・吳起初見魏文侯》）

　　這就是說，大敵當前，卻不能沉著指揮應戰，就沒有資格論「義」；等到造成大量傷亡，再對著陣亡將士僵硬的屍體哀傷，這根本不算是「仁」。吳起對於戰爭之「仁」與「忍」做了實證性的詮釋。

　　從戰爭心理學的角度分析，戰爭的仁與忍問題源於戰爭行爲之雙重性。戰爭行爲的雙重性來自人們「心智邊界」（frontier mentality）的畫分，即在心靈中將世界畫分爲敵與友、文明與野蠻以及我們與他們等二元對立關係，以幫助人們通過認同建立社群感並發展一種社會的知覺，這種二元對立關係稱爲「二律背反」（paradox）。敵我之分使戰爭行爲與戰爭道德成爲相對性的問題，勇猛的敵人，對我而言是殘酷的敵人；敵人之滅亡，將換取我與群體之存續發展。通過對敵的殘忍手段，始有獲得同類生存的環境。

三、從戰爭形態上認識常與變的問題

　　所謂戰爭型態（form of war），為某一時期戰爭中，其所運用的作戰方式與作戰工具，綜合表現的一種外在形式。認識戰爭型態，才能正確的指導戰爭、準備戰爭和贏得戰爭。戰爭的常與變，源自於理論與現實、部分與全體之間的互賴與辯證性關係，誠如對克勞塞維茨影響最大的德國戰略學家沙恩霍斯特（Gerhard Johann David von Scharnhorst, 1755～1813）所言：「戰爭藝術像繪畫和其他藝術一樣，有兩個部分。一部分是機械化的，適合於理論研究；另一部分是環境化的，則受創造天才和經驗的支配。」經由理論（正）、現實（反）；全體（正）、部分（反）的辯證發展，可以導致「力量的合理運用」的結論。

　　孫子說「戰勝不復而應形於無窮」，足以說明戰爭常與變的基本理則。19世紀拿破崙以「內線作戰」態勢，橫掃歐洲，雄極一時；但其變化不大，加上屢次使用，終被敵人找出克敵之道。1813年10月16日被反法聯軍，在萊比錫會戰中初次以反內線作戰之道擊敗；1815年6月，又被英普聯軍在滑鐵盧會戰中，再以反內線作戰之道，澈底擊敗。雖然拿破崙最後敗於內線作戰，但並不代表內線作戰的戰略價值消失。內線作戰的戰略價值，主在內線中分離敵軍或乘敵分離而各個擊滅之，其運用之妙主要是在能否隨敵、我、天、地、交通之變化而「應形於無窮」。1914年第一次世界大戰中，興登堡元帥率領德軍第八軍團，對抗俄軍第一、二軍團，在坦能堡會戰中，利用馬蘇湖區地障及反情報欺敵謀略，分離其一、二軍團於馬蘇湖南北兩端，各個擊滅之，實乃典型的內線作戰。

　　故「戰勝不復而應形於無窮」的精義不因強調變而否定常，其哲學性的奧祕，主在「奇正之變」；由是「以正為奇」連貫「因常求變」；「以奇為正」連貫「因變從常」。因用兵藝術是以創造「勝兵先勝」的基礎，

與曾國藩「先求穩當、次求變化」的戰略概念相同，屬於「致人而不致於人」的主動戰略作為。

四、從戰爭價值上認識戰爭與和平的問題

所謂戰爭價值，就是人們對戰爭活動的意義和作用及實現的根本性認識。雖然人們對戰爭價值的專門論述不多，但人們總是自覺或不自覺地遵循價值原則認識和指導軍事活動。

（一）戰爭評價的歧異性

古希臘時期，許多思想家對戰爭價值問題進行理性思考。赫拉克利特（Heracleitus, 535～475 B.C.）是較早對戰爭價值進行辯證思考的早期希臘哲學家，他認為「一切都是通過鬥爭而產生的」，他指出，事物變化的原因是其內部存在著相互鬥爭的對立面，這種鬥爭是普遍的，而戰爭不過是這種鬥爭的一種形式。他說：

必須知道，戰爭是普遍的，正義就是鬥爭，萬物都按照鬥爭和必然性而產生的。

這是將戰爭看作是本體的東西，把戰爭視為是正義而普遍的事物。他又說：

戰爭是萬物之父，亦是萬物之王。它證明這一些是神，另一些是
人；它也讓一些人成爲奴隸，一些人成爲自由人。

顯然，赫拉克利特充分肯定了戰爭的價值，對戰爭進行了讚譽。柏拉
圖認爲，戰爭的主要價值表現爲財富的積累和國界的拓展，因爲人總是有
欲求，戰爭不可避免。亞里斯多德也指出：

戰爭乃是一種關於獲取的自然技術。作爲包括狩獵在内的有關獲取的
技術，它是一門這樣的技術，即我們應當用它來對付野獸和那些天生就應
當由他人來統治卻又不願臣服的人，這種戰爭合乎自然而公正。

可見西方早期文明對戰爭價值是肯定的，其價值主要表現在爭奪生存
利益。這一思想對西方戰爭觀有著深遠的影響，但是人們對於戰爭的評價
並非總是肯定而一致的。由於評價涉及的是一種道德判斷，在美國哲學家
麥金泰爾（Alasdair MacIntyre, 1929～）看來，當代人類的道德實踐出現
一種分歧的現象。所謂道德分歧（moral disagreement），係指相互對立
的意志的衝突，每一意志都是由他自己的某些武斷選擇所決定。從情感主
義（emotionalism）的立場而言，所有評價性判斷，尤其是所有的道德判
斷，就其本質而言，都不過是愛好、態度和感情的表述。戰爭與和平相較
於一般價值概念，分處於兩個相反之極端，人們對其評價自然就更具有歧
異性了。

（二）戰爭與和平的矛盾邏輯關係

戰爭與和平在形式上是兩個截然不同的型態，惟長久以來，戰爭幾

乎與和平相提並論。和平通常被視爲是「國家處於非戰爭時期的一種情況」，霍布斯在《利維坦》（*Leviathan*）一書對戰爭與和平的界定如下：

　　（戰爭）不只是交戰，或是戰鬥的行爲，而是指在一段長時間裡，以交戰遂行競爭的意志已充分爲人所共知，即已進入戰爭之時期。就如惡劣的氣候，並非謹此一次毛毛雨，或是兩次落雨，而是包括很多天的一種氣候傾向；所以戰爭不是在實際上戰鬥那一段，而是在已知的部署之中，此外的時間都是「和平」。

　　事實上，戰爭與和平充滿矛盾（弔詭）（paradox）的特質，戰爭往往被視爲是追求和平的最終手段，因此，霍布斯認爲戰爭與和平是相因相成而相互影響的，誠如他所說：

　　當人在有和平之希望時，都會盡力去謀求和平；當人無法獲得它時，則可尋求和使用各種方式，並利用戰爭來得到它。

　　戰略學者魯瓦克（Edward N. Luttwak, 1942～）指出，古羅馬人所說的「凡希望和平者，應準備戰爭」，這句格言雖是「老生常談，毫無新奇之處，但在平庸之處，卻簡單明確地表達出戰爭與和平間一個矛盾的（或弔詭的）邏輯命題（paradoxical logic propositions）」。雖說這個命題時常提供尙武者一個發動戰爭的藉口，而從事和平研究的人，則不認同「以戰止戰」的觀點。他們主張應將「和平」視爲自身的現象，並在實際生活中積極促進和平，而不是用戰爭來捍衛和平。不過我們也必須承認，在大多數的情況下，「若欲和平，就應備戰」還是受到很大程度的重視。

（三）戰爭態度與正義戰爭思想

人類對於戰爭的不同看法與價值問題，涉及對戰爭持何種態度——「態度」是一種主觀的認知與選擇，對戰爭價值的認定主要來自人們對於戰爭的態度與認知。歷史上，西方文化對戰爭有三種最主要的哲學態度：浪漫主義（romanticism）、廢除主義（abolitionism）以及現實主義（realism）。若從光譜來分析，浪漫主義的態度是好戰，其極端是好戰主義（jingoism）或戰爭主義（bellicism）——為戰爭而戰爭。戰爭浪漫主義又可稱為「戰爭無倫理差別思想」，主要認為戰爭不涉及道德問題，沒有所謂的正義與非正義之分，現實利益決定戰爭行為；廢除主義又可稱「和平反戰倫理思想」，所持的態度是反戰，其極端是和平主義（pacificism）；現實主義是原則上承認戰爭有其一定的價值，採慎戰的態度，希望藉助目的與手段來限制戰爭，這種戰爭態度產生了正義戰爭思想。正義戰爭思想被界定純粹道義戰爭倫理思想，受到廣泛的重視與運用。

圖10-2 戰爭態度的光譜

早期的正義戰爭理論主要是由神學家聖奧古斯丁、聖阿奎諾和蘇亞雷（Francisco Suarez, 1548～1617），以及國際法先驅格老秀斯等人所發展而成的。他們首先建立了「宣戰」的條件與「交戰」的規則，作為限制戰爭的手段。

正義戰爭理論，起源於人類對於戰爭殘酷與毀滅性的反省，若從技

術對戰爭的影響來看，技術改變了戰爭的型態，也促進正義戰爭理論的發展。正義戰爭理論主張戰爭雖然是一項罪惡，但如果有某一定的條件配合，戰爭能夠有正當理由，戰爭就是合乎正義的，也是必須的。正義戰爭理論最主要運用道德的力量來規範戰爭、限制戰爭，使戰爭的毀滅與暴力程度降至最低點；此外，正義戰爭思想並不反戰，認為戰爭可以達到和平所無法達到的倫理性質的目的，從而確保人類的存在與價值尊嚴。

　　一般均同意正義戰爭思想或理論的內容是由兩大部分所組成，通常用拉丁文術語：*jus ad bellum*（the justness of going to war）──開戰正義原則，指的是發動戰爭（宣戰）應具備的條件，以使在某一特定狀況下武力運用具備合法性；*jus in bello*（justness in war）──交戰正義原則，主要是規範戰時（戰場）的行為，以使運用武力的手段具備正當性。簡述如下：

1. 開戰正義原則

　　開戰的原則有四個。第一，由一個合法的政權宣戰，例如在美國，就要得到國會的授權同意；第二，必須有正當的理由，例如保衛國家；第三，宣戰是最後的途徑，應設法先用和平的手法如談判來解決問題，一切可行的途徑都失敗後才訴諸戰爭。當然也要考慮成功的機會，如果成功機會很低，也不應宣戰；第四，宣戰的目的是帶來和平，並且要尊重敵人。

2. 交戰正義原則

　　作戰時有兩個規則，第一個是比例原則。所謂合乎比例的意思是戰爭所造成的傷害不要大過目標所需，例如只要用100磅的炸彈就足以摧毀目標，那就用不著200磅的炸彈，因為會造成不必要的破壞和傷害。第二是區別原則，要區分作戰人員和非作戰人員，不可攻擊非作戰人員；也要區分軍事設施和非軍事設施，不可攻擊非軍事設施。此外，搶掠、濫殺、強

暴、虐待戰俘等行爲都必須禁止，違者會被處分。

　　無論對戰爭採取的是何種（浪漫主義、廢除主義、現實主義）的哲學觀點，我們認爲欲求正確了解戰爭與和平的問題，必須從兩者的本質關係來著手。而現實主義的哲學觀點是較爲符合戰爭與和平的本質關係，即戰爭的作用，在解決戰爭，確保和平，李德哈特（Basil Henry Liddell Hart, 1895～1970）說：「戰爭的目的是爲了獲得一個較好的和平。」故武力戰的勝利，不一定是眞正的勝利。我們若想實踐爲和平而戰的「以戰止戰」之戰爭觀念，就必須達到：一方面贏得戰爭的勝利，一方面減少戰爭所造成的破壞、損毀與人員之傷亡；而此一關鍵在於能夠迅速克敵致勝，結束戰局，正如孫子所說：「兵聞拙速，未賭巧之久也，夫兵久而國利者未之有也。」（《孫子・作戰》）

　　儘管許多兵家學者有追求有限之速決戰爭理想，近代戰爭的事實證明，即令成功亦屬例外。我們從第一次世界大戰、第二次世界大戰、韓戰（1950～1953）、越戰（1959～1975）、四次中東以阿戰爭（1948～1973）、兩伊戰爭（1980～1988），以及2003年迄今的美伊、美阿戰爭、反恐戰爭等，均可發現要獲致決定性的戰爭誠屬困難。所謂戰爭的速戰速決戰略，是一不易達成的理想，若要追求和平，在發動戰爭前必須要有孫子《孫子・始計》篇首所言：「兵者，國之大事，死生之地，存亡之道，不可不察」的愼戰思維，以及《孫子・謀攻》所言「不戰而屈人之兵」、「上兵伐謀、其次伐交、其次伐兵、其下攻城」的大戰略思維。孫子的大戰略既指導「戰爭」也指導「和平」，其基本要義在追求和平。孫子基於「不戰而屈人之兵」的原則，主張在戰爭遂行中盡可能達到「全國爲上，破國次之」，力求降低敵我在戰爭中的損害，其目的就是追求戰後的永久和平。因「全國爲上，破國次之」所得來的和平，不至於引發「諸侯乘其弊而起」的另場戰爭與災難，才是沒有報復的長遠和平。

第五節　戰爭哲學修養之體現──軍人武德

戰爭哲學乃在應用一般哲學的原理法則，將過去的戰爭史蹟與現實的戰爭性質，以及其精神有關的問題加以綜合研究，而得到統一的戰爭理論之學。根據這樣的理論，我們可以正確地了解戰爭的本質、形態與戰爭致勝要素，從而由「生與死」、「仁與忍」、「常與變」、「戰爭與和平」四個戰爭哲學基本理念來認識戰爭、控制戰爭和指導戰爭。此即為戰爭哲學修養的具體內涵──以哲學為基礎，貫通科學與兵學，昇華為戰爭藝術，由理論到實踐，由致知而致用，而此一戰爭哲學修養之體現，端賴軍人武德之實踐。

一、中國武德思想概述

軍人武德的內容中外兵家學者的看法並不一致。我國對軍人武德的看法源自崇德的思維，如春秋時期，魯國穆叔所提「三不朽」，以「立德」為首；子產亦言：「德，國家之基也」；這些都是將道德視為安治國家的具體條件，而這類思維方式，也成為戰爭哲學思維中的一部分。崇德的思維被運用於軍隊，就成為「將道」的標準，如姜太公（1156～1017 B.C.）《六韜》提出了「勇、智、仁、信、忠」五種德性；孫子將武德歸納為「智、信、仁、勇、嚴」；東漢思想家王符（83～170）的《潛夫論》提出「智、仁、敬、信、勇、嚴」六個項目作為將道之內涵；國軍將孫子所提「智、信、仁、勇、嚴」視為我軍人傳統之武德。整體而言，我

國兵家學者均認為一個標準的軍人不能只有勇武的表徵，尚需要有實質的
品德、修養內涵，以及領軍作戰的才能，這可說是曾國藩（1811～1872）
對將道歸納的標準。他說：

> 求將之道，在有良心，有血性，有勇氣，有智略。
>
> 帶兵之人，第一要才堪治民；第二要不怕死；第三要不急急名利；第
> 四要耐受辛苦。……故吾謂帶兵之人，須智深勇沉之士，文經武緯之才。

二、西方武德思想概述

西方兵家學者對於武德亦甚重視。李維在分析羅馬人與拉丁人最重
要的一場戰役中表示，羅馬軍戰勝的原因，是羅馬軍首領的武德勝過拉
丁軍。從拿破崙的言論中可知其對「將道」與「武德」的重視，如：「假
使一個人重視他的生命有過於國家和戰友的評價，則他根本就不應該是法
蘭西陸軍中之一員」、「金錢並不能購買勇敢」。克勞塞維茨在《戰爭
論》的第3卷第5章中，專篇闡釋軍隊武德。法國前總統戴高樂（Charles
de Gaulle, 1890～1970）則說：「戰鬥精神、戰爭藝術與軍人情操確實是
人類遺產中不可缺少的部分。」可知戴高樂對於軍人武德的重視。美國葛
雷將軍（A. M. Gray, 1928～）也道：「戰爭是由道德與物質層面兩種力
量構成。」這裡所言「道德」（moral）並不侷限於倫理，而是泛指各種
心智層面的力量，這種道德力量難以捉摸，不可量化，包括「國民或軍事
行動的決心、國家或個人的良心、情緒、恐懼、勇氣、士氣、領導能力、

或團隊精神。」從上述言論可知，葛雷將軍將武德視爲一種涉及心智層面的道德力量。

三、武德實踐要領──武德與品德之聯繫

雖然中外兵家學者對於武德的內涵觀點不盡相同，惟大家均主張，軍人武德是一種實踐的修養，而不是一般道德的辨識。因爲武德的實踐必須從現實的角度，具體思考在道德複雜的情況下，一個軍人應該怎麼做的問題，亦即一個軍人必須要有「品德至上」的意志，對於原則問題要有「走極端」的膽識與勇氣，隨時必須有爲道德操守放棄一切的準備。優秀的領導者必須在日常生活中貫徹這樣的堅持，而不僅是在危機當中。誠如蔣中正總統在〈軍事哲學、科學、與藝術的意義和效用〉所說：「品德乃爲領導者的基本條件，更爲指揮官精神人格的基礎。如其品德有虧，則一切皆隨之完全喪失。」美軍杜尼嵩（Larry R. Donnithorne）上校，在其名著《西點軍校領導魂》（*The West Point Way Of Leadership*）一書中論及成爲一個優秀領導者的條件，首須「下定決心，把我們的品德置於事業之上，不論什麼情況都不應該有損道德良知。」

由於軍人武德必須於平時教育、訓練、生活、工作中養成之，故職業軍人之武德必須植基於軍官養成的品德教育之中，亦即軍人武德的涵養與體現，是從軍人的基礎教育、進修教育以迄深造教育之養成過程中，透過品德教育的對品行、人格的塑造、自我修持與實踐的持續力行來完成。

品德兼具品格與道德意涵，具有道德認知（moral knowing）、道德情感（moral feeling），以及道德行動（moral behavior）三個相互關聯

且具影響之層面。所以品德是一種認知、判斷與實踐的綜合行為（如圖示），無法依賴「課程」教育過程來完成，必須配合情境、環境來塑造，透過自我領悟與修持，使其內化為人格特質，而具有力行實踐的意志與能力。可見品德教育的重點不在於課堂教育的過程，而在於如何塑造完美的品行與人格，透過自我修持、內化與力行的實踐過程，當品德藉由力行而實踐，武德即可獲得體現。

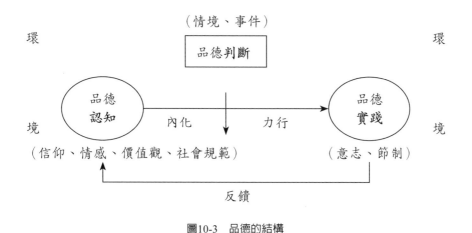

圖10-3　品德的結構

　　總之，軍人是所有行業中最危險的，軍人願意作戰，不惜為國捐軀，不是靠利誘、軍法，而是靠其對國家的忠誠與熱愛，由此更彰顯武德之價值所在。為避免因旺盛的企圖心，戰爭風險及危疑震撼的情勢造成軍人衝動或困惑，理智的能力固有其價值，若無均衡的品德為特質，則理智難於顯現，因此，軍人的武德十分重要。殷鑑不遠，2003年3月的美伊戰爭伊拉克軍人戰志甚差，少有奮勇抗敵壯烈犧牲者，此或與海珊政權不得軍心有關，然其缺乏軍人武德，未能不顧生死，保國衛民，使美軍占領了伊拉克，應是我軍人所應警惕者。

結論

　　戰爭的辯證邏輯，導因於戰爭是一種非常特殊的災難環境，常促使相互對立的雙方趨於一致，甚至形式互易，因而與一般線性邏輯背道而馳。軍人所受的訓練，就是在危險和有立即死亡可能的環境中，仍能發揮戰鬥力量，故軍人必須有哲學修養的基礎，才能達到戰爭藝術化的目的。

　　戰爭哲學可提供領導者所需的辯證性思維理則與精神力，即創造的意志、靈感、信心，以及其所要的忠誠及專業，凡此行為表現都與以品德為基礎的軍人武德有關。軍以戰為主，軍人應藉由戰爭哲學「生與死」、「仁與忍」、「變與常」、「戰爭與和平」四個基本理念所建立的辯證邏輯關係中，認識戰爭哲學「體」、「相」、「用」內涵的關聯性，於平時不斷修持品德，將武德內化於人格特質之中，深切體悟軍人之本質首在認識戰爭，若戰爭不可免，則能透過領導藝術予以體現與實踐，發揮本質學能，指導戰爭，戰則必勝。

延伸閱讀

克勞塞維茨（Karl Von Clausewitz），《戰爭論（上、下冊）》，楊南芳等譯，
　臺北：貓頭鷹，2001。

約翰・卡根（John Keegan），《戰爭史：從遠古的石頭到今天的核武》，林華
　譯，臺北：廣場，2017。

孫武，《孫子》，周祥亨譯注，臺北：五南，2015。

康經彪，《先秦儒家武德思想—四書中的概念與實踐》，高雄市：宏冠，
　2016。

康經彪、謝有明、厲復霖、張文杰合著，《戰爭史：從拿破崙到波斯灣戰爭》，
　臺北：翰蘆，2014。

談遠平、康經彪，《戰爭哲學》，臺北：揚智文化，2004。

羅秉祥主編，《先秦諸子與戰爭倫理思想》，香港：中華書局，2015。

李德哈特（Liddell Hart），《人類何以陷入戰爭：李德哈特的歷史哲學》，鈕
　先鍾譯，臺北：八旗文化，2019。

研究與討論

1. 何謂戰爭哲學？相較於一般哲學其特殊性為何？

2. 你真的認識戰爭嗎？請從「戰爭的辯證邏輯思維」，闡釋研究戰爭哲學的重要
　性。

3. 何謂戰爭本質？試比較克勞塞維茨與孫子對於戰爭本質的見解。

4. 何謂戰爭哲學的基本理念？其探討之主要議題為何？選取這些議題的理由何
　在？

5. 請從生存與生命價值的認識上，探究個人生死與國家生死（存亡）的關聯性。

6. 對一個置身戰爭的軍人而言，他應如何從「仁」與「忍」的問題上，來看待殺
　敵這件事情？

7. 請從「常」與「變」論述戰爭原則與戰爭藝術的關係。

8. 請從「若欲和平，必先備戰」這一古老格言，探究戰爭評價的歧異性以及戰爭與和平間的矛盾邏輯關係。

國家圖書館出版品預行編目資料

哲學概論／尤淑如，張文杰，康經彪著. ——
初版. ——臺北市：五南圖書出版股份有限
公司，2019.09
面；　公分
ISBN 978-957-763-590-7 (平裝)

1.哲學

100   108013346

1BOV

哲學概論

作　　　者 — 尤淑如、張文杰、康經彪

企劃主編 — 黃惠娟

責任編輯 — 魯曉玟

封面設計 — 姚孝慈

出 版 者 — 五南圖書出版股份有限公司

發 行 人 — 楊榮川

總 經 理 — 楊士清

總 編 輯 — 楊秀麗

地　　　址：106臺北市大安區和平東路二段339號4樓

電　　　話：(02)2705-5066　　傳　　　真：(02)2706-6100

網　　　址：https://www.wunan.com.tw

電子郵件：wunan@wunan.com.tw

劃撥帳號：01068953

戶　　　名：五南圖書出版股份有限公司

法律顧問　林勝安律師

出版日期　2019年 9 月初版一刷
　　　　　2024年 9 月初版九刷

定　　　價　新臺幣300元

全新官方臉書

五南讀書趣

WUNAN
Books since1966

Facebook 按讚

👍 1 秒變文青

f 五南讀書趣 Wunan Books 🔍

★ 專業實用有趣
★ 搶先書籍開箱
★ 獨家優惠好康

不定期舉辦抽
贈書活動喔！

經典永恆・名著常在

五十週年的獻禮——經典名著文庫

五南，五十年了，半個世紀，人生旅程的一大半，走過來了。

思索著，邁向百年的未來歷程，能為知識界、文化學術界作些什麼？

在速食文化的生態下，有什麼值得讓人雋永品味的？

歷代經典・當今名著，經過時間的洗禮，千錘百鍊，流傳至今，光芒耀人；

不僅使我們能領悟前人的智慧，同時也增深加廣我們思考的深度與視野。

我們決心投入巨資，有計畫的系統梳選，成立「經典名著文庫」，

希望收入古今中外思想性的、充滿睿智與獨見的經典、名著。

這是一項理想性的、永續性的巨大出版工程。

不在意讀者的眾寡，只考慮它的學術價值，力求完整展現先哲思想的軌跡；

為知識界開啟一片智慧之窗，營造一座百花綻放的世界文明公園，

任君遨遊、取菁吸蜜、嘉惠學子！